기독교문서선교회 (Christian Literature Center: 약칭 CLC)는 1941년 영국 콜체스터에서 켄 아담스에 의해 시작되었으며 국제 본부는 미국 필라델피아에 있습니다. 국제 CLC는 59개 나라에서 180개의 본부를 두고, 약 650여 명의 선교사들이 이동 도서차량 40대를 이용하여 문서 보급에 힘쓰고 있으며 이메일 주문을 통해 130여 국으로 책을 공급하고 있습니다. 한국 CLC는 청교도적 복음주의 신학과 신앙 서적을 출판하는 문서선교기관으로서, 한 영혼이라도 구원되길 소망하면서 주님이 오시는 그날까지 최선을 다할 것입니다.

추천사

김양재 목사
우리들교회 담임

한 사람이 100퍼센트 옳으신 하나님을 만나 자신이 100퍼센트 죄인임을 깨닫는 순간 회개하게 됩니다. 그래서 회개는 인간이 경험할 수 있는 최고의 감정입니다. 회개는 내 자신을 향하던 인생의 방향을 하나님께로 돌이키는 것이기에 회심이라고도 합니다. 성령으로 거듭난 이후에도 우리는 여전히 많은 악과 연약함에 둘러싸여 있으므로 날마다 말씀으로 회개해야 합니다.

토마스 셰퍼드는 『깊은 회심』(The Sincere Convert)에서 이 회개의 필요성을 효과적으로 호소합니다. 이 책은 진정한 회심의 원리가 되는 여섯 가지 주제를 이론적으로 진술하는 데서 멈추지 않고 우리가 실제 생활에서 어떻게 적용할 수 있는지를 알려 줍니다. 악하고 음란한 세대를 사는 성도들이 이 책을 통해 깊은 회심의 길로 인도될 수 있기를 바랍니다.

깊은 회심

The Sincere Convert
Written by Thomas Shepard
Translated by No Yeul Myung
All Rights Reserved.
Korean Edition Copyright ⓒ 2024 by Christian Literature Center Seoul, Korea.

깊은 회심

2024년 8월 20일 초판 발행

| 지은이 | 토마스 셰퍼드 |
| 옮긴이 | 명노을 |

편 집	전희정
디 자 인	서민정, 박성준, 소신애
펴 낸 곳	(사)기독교문서선교회
등 록	제16-25호(1980.1.18)
주 소	서울특별시 동대문구 천호대로 71길 39
전 화	02-586-8761~3(본사) 031-942-8761(영업부)
팩 스	02-523-0131(본사) 031-942-8763(영업부)
이 메 일	clckor@gmail.com
홈페이지	www.clcbook.com
일련번호	2024-91

ISBN 978-89-341-2733-8 (03230)

이 책의 저작권은 저자와 (사)기독교문서선교회가 소유합니다.
신저작권법에 의하여 한국 내에서 보호받는 저작물이므로 무단 전재와 무단 복제를 금합니다.

깊은 회심

THE SINCERE CONVERT

토마스 셰퍼드 지음
노을명 옮김

CLC

차례

추천사 김양재 목사 | 우리들교회 담임 · 1

그리스도인 독자에게 윌리엄 그린힐 | 잉글랜드의 독립교회 목사 · 7

서론 · 15

제1장 하나님의 존재와 하나님의 영광 · 17

제2장 영광과 행복을 누리며 하나님을 닮는 자 · 36

제3장 인간의 죄와 조건 · 50

제4장 구속의 유일한 방편 · 95

제5장 소수의 구원받은 자 · 115

제6장 영벌의 주된 이유 · 144

그리스도인 독자에게

윌리엄 그린힐(William. Greenhill)
잉글랜드의 독립교회 목사, 웨스트민스터총회 회원

이렇게 악하고 험한 시절에 하나님은 우리를 버려두지 아니하시고 최상의 긍휼을 남겨 주셨다. 우리의 죄가 넘친다면, 그분의 긍휼은 완전히 차고 넘친다. 주님은 우리에게 죽음에 대한 말씀을 당연히 하셨으리니, 다음은 옛적에 유대인에게 주님이 하셨던 말씀이다.

내가 이 백성에게서 나의 평강을 빼앗으며 인자와 사랑을 제함이라(렘 16:5).

이는 주님이 우리를 두고 하신 말씀이니, 우리는 라헬과 함께 탄식하며, 위로를 거절할 충분한 이유가 있다. 우리의 모든 행복은 평강, 인자, 그리고 긍휼 가운데 싸여 있는 까닭이다.

하지만 하나님은 이스라엘에게 선하시고(시 73:1), 야곱을 위해 구원을 명하시며(시 44:4), 흑암의 모든 권세를 이기시고(시 76:10), 벨리알의 자식들(부패한 마음과 저주받은 행동의 인간들)에게 그들이 더 나아가서는 안 되리라 말씀하셨으니, 그들의 어리석음이 모두에게 드러날 것이다(딤후 3:8-9).

하나님은 모든 원수, 모든 마귀, 모든 피조물이 자신의 영광 그리고 자신의 특별한 백성의 선을 더하도록 만드신다. 때가 가깝고 위험할 때 주님은 말씀하신다.

내 백성아 갈지어다 네 밀실에 들어가서 네 문을 닫고 분노가 지나기까지 잠깐 숨을 지어다(사 26:20).

만약 고난이 생명을 위협한다면, 주님은 이렇게 말씀하신다.

네가 물 가운데로 지날 때에 내가 너와 함께 할 것이라 강을 건널 때에 물이 너를 침몰하지 못할 것이며 네가 불 가운데로 지날 때에 타지도 아니할 것이요 불꽃이 너를 사르지도 못하리니(사 43:2).

원수들이 분노하고 두려움과 슬픔이 배가될 때 주님이 말씀하신다.

두려워하지 말라 내가 너와 함께 함이라 놀라지 말라 나는 네 하나님이 됨이라 내가 너를 굳세게 하리라 참으로 너를 도와 주리라 참으로 나의 의로운 오른손으로 너를 붙들리라 보라 네게 노하던 자들이 수치와 욕을 당할 것이요 너와 다투는 자들이 아무것도 아닌 것 같이 될 것이며 멸망할 것이라(사 41:10-11).

이런 위로와 생명의 말씀은 하나님이 그 백성에게 하신 것이다. 그리고 다른 긍휼 가운데, 주님은 그분의 종들의 영을 불러 일으켜 많은 귀중한 진리와 찬송을 쓰게 하시고, 자신의 사랑하는 사람들에 대한 영원한 선을 증진시키신다.

만약 무저갱이 열리고 거기에서 연기가 올라와 공기가 어두워지며, 그래서 성도의 길이 갈린다면(계 9:2), 하늘 역시 열리고(계 11:19) 빛들과 음성들이 있어 그들의 영을 밝히고 그들의 길을 인도한다.

어느 세대가 우리만큼 그런 빛들을 갖고 있었던가?

어느 누가 그리스도와 그분의 사도들 이래로 현재 사람들처럼 말했는가?

우리는 참되게 그리고 마음 편히 우리의 신학자들과 저자들 때문에 사람의 소리가 아닌 하나님의 음성을 말할 수 있다. 이처럼 성령의 풍성함을 하나님이 어떤 이들에게 쏟으셨으니, 이 음성은 그들이 아니고, 아버지의 성령이 그들 안에서 말씀하시는 것이다.

우리에게 풍성한 영적인 글들, 곧 신성에 충만하고, 필수적이며, 양심을 궁구하는 진리, 그러면서도 귀중하고, 영혼을 위로하며, 영혼을 증진시키는 진리가 제공됨으로써, 이 세대는 하나님의 말할 수 없는 긍휼을 인정할 수많은 이유를 갖는다!

이로써 머리, 심령 그리고 영혼을 속이는 잘못들이 밝혀지고 예방된다. 그것은 모든 외적인 것과 허세로부터 참된 은혜를 건전하게 구분함이다. 이 점에 있어 시간도, 나라도 우리를 뛰어넘지 못한다.

진리에 풍성한 우리가 찬양에 인색하겠는가?

독자들이여!

생각해 보라.

영적 진리가 우리의 최상으로 찬양할 가치가 없는 것인가?

모든 신적 진리는 하나님의 영원한 생각들 중 하나이다. 이는 하늘에서 태어났고, 하나님의 형상을 지닌다. 진리는 성스러운 삼위 하나님의 영광이다. 따라서 성령은 진리라고 불리며(요 16:13), 그리스도 역시 진리라고 불리고(요 14:6), 또한 하나님 자신도 진리의 하나님이라고 말해진다(신 32:4). 이는 주님 자신께 너무 기쁨이 되어, 그분의 눈은 항상 진리를 향하신다(렘 5:3).

유일하게 현명하신 하나님은 사람들로 구매하게 만드실 때, 그들로 그 진리를 사도록 권하시는바, 이는 선한 모사가 아니며, 좋은 구매가 아닌가!

우리가 더 좋은 것을 위해 수고를 들이거나 돈을 낼 수 있는가?

만일 우리가 죄와 허물로 죽었다면, 진리는 새 생명의 씨, 천국 출생의 씨이다(약 1:18). 만일 우리가 결박 가운데 있다면, 진리는 우리를 자유하게 할 것이다(요 8:32). 만일 우리가 원수들로 둘러싸인다면, 진리는 우리의 방패가 될 것이다(시 91:4).

만일 우리가 더러운 생각과 정욕 혹은 어떤 부정함으로 가득하다면, 진리는 우리를 거룩하게 할 것이다(요 17:17). 만일 어두움과 질병이 우리의 영혼을 엄습한다면, 진리는 '영혼의 빛과 생명'(*lumen et pabulum anime*)이다(시 119:105).

그러므로 우리는 진리의 생각을 진작시키며, 이를 모든 지상의 것보다 위에 두며, 우리가 모든 비용을 지불할지라도 이것을 사자.

이것은 '돈의 매수로 되는 것'(simony)도 아니며, 너무 비싼 것도 아니다. 우리는 진리를 과대평가할 수 없다. 이는 하나님의 평강의 자매이니, 모든 지각에 뛰어나기 때문이다.

하나님이 자신의 말씀과 진리를 어떻게 평가하시는지를 보라.

주께서 주의 말씀을 주의 모든 이름 위에 높게 하셨음이라(시 138:2).

하나님에 대해 알려지는 것은 그것이 무엇이든, 그분의 말씀 곁에, 그분의 말씀 아래 있다.

만물의 창조를 보라.

이는 가장 큰 글씨로 쓰여진 하나님의 이름이지만, 그분의 말씀과 진리에 비하면 아무것도 아니다. 그러므로 그리스도께서 바리새인들에게 율법의 일점일획이 없어지는 것보다는 천지가 없어지는 편이 쉽다고 말씀하신 것이다.

하나님이 모든 세상보다 율법의 일점일획을 더 소중히 여기신다면, 복음에 대한 위대하고 영광스런 진리를 평가절하하지 않도록 유의하고, 이 진리를 우리의 심령 위에 한 법으로 새기므로, 우리가 아무 진리나 결코 과대평가하거나 크게 찬양할 수 없게 하라.

사람들은 밭, 바다, 자궁, 그리고 자기 가게의 축복들 때문에 하나님을 찬양할 수 있다.

그러나 축복들 중 축복 곧 진리, 다시 말하면, 좋은 책인 천국의 책자 때문에 하나님을 찬양하는 자가 어디 있는가?

사람들은 자신에게 부여되는 하나님의 지식의 풍성함 때문에 하나님을 찬양하려고 좀처럼 의도적으로 하늘에 자신의 심령과 목소리를 높이지 않는다. 좋은 책 안에서 여러분은 사람들의 수고와 하나님의 진리를 갖는다.

감사를 바침은 양자에게 합당하다. 하나님은 사람들이 큰 수고를 감당하게 하신다. 그래서 주님은 질그릇을 통해 그렇게 귀한 보배를 전하신다.

다윗은 진리 때문에 하나님을 찬양함이 자신의 의무라 생각하여(시 138:2), 우리가 그 진리를 모방하도록 기록으로 남겨 두었다. 그는 그런 탁월성을 보았으며, 진리 안에서 너무 많은 감미로운 유익을 발견했기에 그는 이로 인한 찬양을 드러내야만 했다.

그리스도인 독자들이여!

사람들의 수고를 경멸하고 욕하는 옛 길을 버리라.

오래 전부터 우리는 경험을 통해 어떤 선함도 그 길로는 오지 않음을 안다.

이제 당신의 편견이 바뀌어 찬양이 되게 하는 것을 배우며, 주의 신실한 종들 때문에 분여된 진리로 말미암아, 무엇이 하나님을 영화롭게 하고 찬양하는 열매가 되는지를 증명하라.

말하건대, 이는 진리를 우리 가운데 여전히 지키게 하는 최고의 길이다. 진리가 진리에 대한 사랑으로 영접되지 않고, 하나님이 이것 때문에 존귀하게 되시지 않는다면, 당장에 강한 미혹이 임하며, 진리는 고통을 당하거나 사라지게 될 것이다.

하나님은 예레미야에게 그 약속을 유효하게 만드셨다. 주님은 우리에게 평강과 진리의 풍성함을 계시하셨지만, 우리는 배은망덕하게 이 두 가지를 모두 놓쳤다.

우리의 평강은 흔들린다. "나의 날 동안 평강과 진리가 있으리라"고 누가 히스기야와 더불어 스스로 약속할 수 있으랴.

평강은 우리의 기대를 저버릴 수도 있다. 하지만 진리는 아니다. 모든 선한 그리스도인은 선한 왕과 함께 평강과 진리는 아닐지라도, 나의 날 동안 진리가 있으리라고 말할 것이다.

나는 이처럼 진리를 존귀하게 하고 그래서 그에 대한 사랑을 받는다. 나는 믿음으로 이를 붙들 것이며, 실천으로 이를 내보일 것이며, 이를 두고 매일 하나님을 찬양하며, 이를 변호하기 위해 전심전력할 것이다.

순교자들도 그리했으니, 그들에 대한 기억은 달콤하고 그들을 존경함은 크다. 진리와 함께하기보다는 진리를 위해 차라리 고통받는 편이 낫다. 하지만 진리가 고통받거나 죽는다면, 진리를 벗어나느니 차라리 진리와 함께 죽는 편이 낫다.

그러나 진리는 살 것이며 우리도 진리로 말미암아 살 것이니, 진리를 위해 하나님께 큰 존귀를 돌리자. 그분의 말씀과 선한 책들이 그것을 낳기 때문이다. 어떤 자들은 말할 수 있다. 말씀 때문에 하나님을 찬양하는 것으로 충분하다고 말이다. 다른 책들은 위대하지(*tanti*) 않다고 하면서 말이다.

하지만 당신은 바다 때문에 하나님을 찬양하면서, 강들과 샘들 때문에는 감사하지 않으려는가?

당신은 큰 광천수를 두고 목소리를 높이면서도, 은빛 물방울과 꽃을 두고는 침묵하려는가?

전자가 당신에게 영향을 준다면, 후자에 대해서도 감사하라.

하나님은 사람이 자기 종들을 중요시하게 하시므로, 그들의 수고 때문에 하나님을 찬양하게 하신다.

종들도 그들 안에 잘못들이 있다. 그렇더라도 그것으로 된 것이다.

우리가 꽃과 옥수수가 있는 정원에 잡초가 있다고, 밭에 가시떨기가 있다고 해서, 하나님 찬양하기를 거절할 것인가?

스스로 편견을 갖지 마라.

당신의 기쁨을 사라.

읽으라.

취하라.

여기에 잡초가 없는 정원이 있고, 잡풀이나 독보리, 가시와 엉겅퀴가 없는 옥수수 밭이 있다.

당신은 진실한 회심자(sincere convert)인가?

여기에 적절하고 견고하며 총체적인 진리가 있다. 당신은 두려움 없이 배를 채우고 향연을 베풀 수 있다.

본서의 저자는 오직 경건의 한 사람, 하나님과의 내적 사귐, 사람들의 심령의 미혹을 잘 다루는 자, 작은 세상의 어두운 면을 밝힐 수 있는 자, 그래서 흔들리는 마음에 만족을 줄 수 있는 사람이다. 그의 책은 이를 장식하기 위해 다른 자의 추천이란 화려함이 필요하지 않다.

그러나 여권 없이 여행하는 것이 진리의 특권이듯, 추천은 필요가 아닌 관례이다. 왜냐하면, 관례에 따라 진리는 서신서들을 추천하며 그 작품이 중하고 민감하고 영적인 것을 알기 때문이다.

우리의 눈이 이를 정독하기에 건강하다면, 우리는 그 안에서 많은 귀중하고, 영혼 탐구와 영혼을 살리는 일 그리고 영혼을 풍성하게 하는 진리를 발견할 것이다. 만일 우리가 멍청한 마귀에 사로잡혀 있지 않는 한, 그리고 각성하고 깨어 있다면, 저자와 그 작품 때문에 하나님을 찬양하지 않을 수 없을 것이다.

그리스도인 독자들이여!

망은(忘恩)에 유의하라.

영적 긍휼은 가장 빠르고 가장 충만한 찬양을 가져야 한다. 바로 이 작품이 그러하다. 우리가 이를 예견하지 않았고, 이를 낳는 데 아무런 기여를 하지 않았어도 이는 긍휼을 선도한다. 이것 때문에 그리고 같은 종류의 다른 작품 때문에 하나님은 지식이 넘치게 하셨다.

성소의 물은 날마다 차고 깊어진다.

다만 성소의 물이 성소의 불을 끄지 않도록 하라.

찬양이 없다면 불은 없다. 만일 우리 머리가 겨울의 태양 같다면, 충만한 빛과 심령이 겨울의 대지처럼 열매가 없으리니, 우리의 빛이 흑암으로 끝나지 않도록 그리고 지식의 나무가 우리에게서 생명나무를 빼앗아 가지 않도록 두려워하라.

주님은 우리가 이 작품으로 말미암아 그런 은택을 찾도록 윤허하실 것이니, 이때는 우리의 심령이 진리로 황홀해 하고, 하나님을 찬양하는 뜻을 위해 일어나며, 기도하기를, "주여, 주의 빛과 진리를 보내시고, 이것들 때문에 우리를 인도하소서"라고 할 때다.

마찬가지로 심령은 그리스도 안에 있는 당신을 위해 기도한다. 아멘.

서론

　하나님의 지식은 모든 인간에게 필요하다. 즉, 선한 자를 자리잡게 하고 세우기 위해, 그리고 악한 자를 회심하게 하고 이끌어 내는 두 가지를 위해서이다.
　하나님의 원리들은 사탄의 거짓된 원리들을 끌어내리는 일인 반면, 사탄의 원리들은 인간의 머리에 각인하고, 그 심령으로 사랑하며 믿어 혀로 변호하는 것이다. 따라서 사탄의 원리들이 흔들리지 않는 한, 주 예수님이 그 영혼을 정복하시는 길은 막혀 있다.
　영적 진리들은 지성을 확장시키든지, 혹은 일차적으로 감정에 역사하든지 한다. 나는 이 지적 시대에 전자는 지나치고자 한다. 내가 심령이 충분히 강퍅한 자들에 속한 까닭에 후자로부터 시작하겠다. 왜냐하면, 지성은 문자적으로는 가능하지만, 구원의 경우에는 감정이 이것 때문에 격동되어 생겨나지 않는 한, 어떤 진리도 만족시키지 못하기 때문이다.
　그러므로 나는 여기에서 다음과 같은 신적 원리들을 보이고자 한다.

　첫째, 한 분의 가장 영화로우신 하나님이 존재하신다.
　둘째, 하나님은 처음 아담 안에서 가장 영광스런 상태로 모든 인류를 창조하셨다.
　셋째, 모든 인류는 이제 그런 상태에서 죄와 비참함의 무저갱으로 추락되어 있다.

넷째, 주 예수 그리스도는 이런 상태에서의 유일한 구속 방편이다.

다섯째, 그리스도 때문에 이런 저주스런 상태에서 구원받은 자들은 매우 소수이고, 이 소수도 많은 어려움 가운데 구원받는다.

여섯째, 왜 많은 사람이 이런 상태에서 죽고 망하는가 하는 가장 큰 이유는 자신들로부터 기인된다. 즉, 다음과 같다.

- 피 흘리는 무지함 때문에 그들은 자신의 비참함을 모른다.
- 육적 안일함 때문에 그들은 죄와 비참함 아래 있음을 느끼거나 탄식하지 않는다.
- 육적 확신 때문에 그들은 자신의 비참함을 보고 느낀 후 이로부터 빠져나오는 도움을 자신들에게서 찾되 자신들의 의무를 통해 이루려고 한다.
- 거짓된 믿음 때문에 그들이 스스로 어찌할 수 없음을 보고 느낄 때 그리스도의 공로를 너무 빨리 붙들고 이에 의뢰한다.

제1장

하나님의 존재와 하나님의 영광

원컨대 주의 영광을 내게 보이소서 (출 33:18).

이것이 첫 번째 신적 진리로, 두 가지 점을 그 안에서 고려할 만하다.

첫째, 하나님이 존재하신다는 점이다.
둘째, 하나님이 가장 영화로우시다는 점이다.

나는 첫째 부분부터 시작하여, 많은 철학적 주장은 생략하고 한 분 하나님, 곧 한 분의 참된 하나님이 존재하심을 증명하겠다.

세상 대부분의 나라는 그리스도께서 초림 때까지는 여러 신을 섬겼다. 어떤 나라는 태양을, 어떤 나라는 달을 숭배했으며, 예레미야가 그것을 하늘 황후로 불렀다. 이 우상을 위해 어떤 자들은 과자를 만들었다.

어떤 나라는 하늘을, 혹은 불을 숭배했으며, 어떤 나라는 야수를, 혹은 바알을, 혹은 몰렉을 숭배했다. 고대 로마의 철학자 바로(Marcus Varro)는 로마인들이 육천 개의 신을 가졌다고 말했다. 이들은 조물주의 빛을 가두고, 조물주에 반하는 죄에 굴복하여, 무지한 자처럼 사람이 만든 우상을 섬기거나, 배운 자들이 그러하듯, 그런 우상 가운데서 하나님과 천사들을 섬겼다. 그렇지만 이것들은 모두 거짓 신이다.

1. 하나님 존재의 네 가지 근거

이제 내가 증명하려는 것은 한 분의 참된 신, 곧 존재의 존재요, 첫째 된 존재가 있다는 점이다. 모든 사람이 "하나님이 존재하신다"라는 외침과 그에 대한 믿음으로 살기 때문에 이 점을 증명하는 것이 불필요할지 모르지만, 이 점을 온전히 믿는 자는 적다.

많은 하나님의 자녀는 사람들의 심령을 가장 잘 알 수 있으니, 이는 자신의 심령을 연구하고 이런 시험을 느끼는 까닭이다. 이 시험은 "하나님이 있기나 한가"라고 하며 때로는 자신을 가장 심하게 공격한다. 마귀는 때로 가장 강한 담장과 보루의 밑을 파서 날려 버리려 한다. 자연의 빛은 하나님의 존재를 보여 준다.

얼마나 많은 이가 자기 양심에 반하는 더러운 죄로 모든 자연의 빛을 불어 그 빛을 거의 꺼 버린 채 있는가!

그들이 비록 어두워도 약간의 빛을 갖고 있는 까닭에 자신의 심령을 보았는지를 결론 내리려고는 하지 않지만, "하나님이 있기나 한가"라고 하며 은밀하게 의혹과 의심을 한다. 누구도 이 진리를 의심하지 않는다고 인정하더라도, 집을 짓는 자 된 우리는 우리의 주된 지주와 기둥이 없는 일에 넘어져서는 안 된다. 다음과 같은 근거는 하나님이 존재하심을 드러낸다.

1) 하나님의 역사 (롬 1:20)

우리가 웅장한 집을 보면, 이를 지은 사람을 보지 못해도, 또 이를 지은 때를 알지 못해도, 이렇게 결론을 낼 것이다.

'분명 어떤 현명한 장인이 여기서 일했다.'

우리가 천지의 장엄한 극장을 볼 때, 비록 하나님이 비가시적인 까닭에 보지 못하고, 이를 지은 때를 모른다고 해도, 하나님의 손, 팔, 그리고 지혜가 여기에 있었다고 하지 않은 채 달리 결론을 낼 수 있는가?

천지의 각양 피조물은 이 진리의 거대한 대변자다.

누가 탁상에 그런 등불, 그런 하늘의 횃불을 두었는가?
누가 어두운 세상을 밝힐 하늘의 제등(提燈)을 들었는가?
겨우 잘려 나간 돌보다 현명한 자에 불과하지만, 누가 이 사람인 조각상을 만들 수 있는가?
사람보다 더 현명하고 큰 자가 아니라면, 어느 누가 사람을 지을 수 있었겠는가?
누가 새들로 둥지를 만들고, 벌들로 집단을 이루고 질서를 갖도록 가르쳤는가?
누가 태양을 하늘 한 끝에서 반대 끝으로 돌게 하며, 수많은 사람과 나라에게 수많은 복을 전달하는가?
사람이나 천사의 힘이 가장 작은 풀 한 포기를 만들며, 가장 작은 파리조차 목숨을 넣어줄 수 있는가?

그러므로 모든 피조된 권세 위에 권세가 있으니 이는 곧 하나님이시다.

2) 하나님의 말씀

말씀에는 감동적인 장엄함과 계시된 비밀들이 있다. 사람들이 의도적으로 눈멀지 않았다면, 그들은 "이는 하나님의 소리요 사람의 소리가 아니다"라고 부르짖을 수밖에 없다. 그래서 칼빈은 하늘 아래 모든 무신론자에 대항하여, 성경이 하나님의 말씀임을 논리적으로 증명하고자 한다.

우리는 때로 설교를 들으면서 이렇게 생각한 적이 없는가?
'목사님이 바로 나를 두고 말하는구나.'
'누가 목사님께 내 말, 내 행동, 내 생각을 전해 주었는가?'

우리 심령에 들리는 음성은 심령을 살피시는 전지하신 하나님의 말씀 외에는 다른 것이 아니다.

다시금 말하건대, 죽은 자를 살리는 말씀은 분명 하나님의 말씀이다. 그러므로 선포된 하나님의 말씀은 죽은 자를 살린다. 눈먼 자로 보게 하며, 벙어리로 말하게 하며, 귀먹은 자로 듣게 하며, 저는 자로 걷게 만들며, 자신의 죄를 깨닫지 못하는 자들로 통곡하도록, 기도할 수 없었던 자들로 자신의 죄에 대해 말할 수 없는 탄식을 하며 한숨을 쉬게 만든다.

3) 하나님의 자녀들

우리는 사람들이 태어나자마자 그들의 이마에서 죽음의 선고를 읽을 수 있고, 그들의 삶을 통해 그들이 얼마나 지옥 같은 심령을 지닌 자들인지를 볼 수 있다. 그리고 이 괴물 같은 인간 중 한 무리가 변화되어 온전히 새롭게 되는 때가 있다. 이들은 새로운 마음, 새로운 견해, 새로운 욕구, 새로운 즐거움, 새로운 슬픔, 새로운 말, 새로운 기도, 새로운 삶을 가진다.

이들과 세상 사람들 간에는 차이가 있고, 이들은 세상 사람들에게 미움을 받는다. 세상은 이들이 죄를 사랑했던 동안에는 이들을 참으로 사랑했었지만 말이다.

그러면 이런 이상한 변화는 어디에서 왔는가?

자신들에게서인가?

아니다. 이들은 이 새로운 생명을 싫어했다. 이 새로운 사람들이 그런 자들이었다.

이들이 신용을 얻을 것이기 때문인가?

아니다. 어디든 아버지 어머니, 친구들, 그리고 악의적인 자들에 의해 미움 받게 된다.

단순함으로부터인가?

아니면, 이들의 뇌가 어찌 이상하게 되어서인가?

이들은 한때 참으로 어리석은 자들이었으니, 나는 이들 모두가 솔로몬처럼 어리석은 자임을 증명할 수 있다. 그러나 단순한 자들도 새롭게 된 이후에는 세상에 비해 훨씬 더 현명한 것으로 알려져 있다.

또한, 마지막으로 이는 지옥에 대한 두려움 때문에 이 변화가 일어났는가?

결코 그렇지 않다. 이들은 회초리의 두려움 때문에 모든 것을 해야 하는 교도소의 노예처럼 살기를 싫어한다.

4) 하나님의 증인

증인은 각 사람 안에 있다. 나의 의미는 사람의 양심이 하나님이 존재하심을 말한다는 것이다. 그들이 때로 침묵할지라도, 천둥이 칠 때 혹은 바로 왕처럼 큰 재앙의 때, 혹은 죽음의 날에는, 그들이 하나님의 법정에 가까이 있으며, 그때 하나님을 분명히 인정하게 된다.

양심의 두려운 공포가 이를 증명한다. 양심은 법정의 집행관처럼 빚진 것 때문에 그들을 체포한다. 자아라는 채권자가 이를 부추긴다. 때로는 교수형 집행자처럼 양심은 사람을 고문한다. 자아라는 어떤 생소한 재판관이 양심에 그런 명을 내린다.

언제부터 이런 무서운 공포가 사람들 안에 일어나는가?

스스로인가?

절대 아니다. 모든 사람은 평강 안에 있기를 원하며, 마찬가지로 상처 없는 성한 피부로 살고 잠자기를 원한다.

이는 고독으로부터 오는가?

아니다. 고독은 정도의 차이가 있을 뿐이기 때문이다.

이런 양심의 공포는 어떤 은밀한 나쁜 죄를 행한 후, 설교 중에 갑자기 영혼을 놀라게 한다. 다시 말한다. 고독의 슬픔은 약으로 치유될 수 있다. 그럼에도 많은 의사가 그런 자들을 다른 의사들에게 넘겨주기도 한다.

고독의 슬픔은 감당할 수 있지만, 누가 상처 받은 영을 감당할 수 있는가? 따라서 우리는 하나님이 존재하심을 알게 된다.

(1) 반대와 대답

[반대 1]

누가 한 번이라도 하나님을 보았으며, 누가 한 분 하나님이 계시다는 것을 감히 확약하는가?

[대답 1]

참으로 하나님의 얼굴은 죽을 인간에게 보인 적이 없다. 그러나 그분의 등은 모든 세상에게 보였고, 보이고 있고, 보일 것이며, 이는 증명되었다.

[반대 2]

만사는 제2원인들로 말미암아 존재하게 된다.

[대답 2]

그런데?

종들이 모든 일을 행한다고 해서, 그 집에 주인은 없는가?

위대하신 하나님은 모든 피조물의 복종을 통해 상태를 유지하신다.

그러나 때로는 우리는 하나님의 통치라는 어떤 특별한 부분을 바라보고, "여기에 하나님의 손가락이 있다"라고 부르짖는다.

실링은 작은 돈, 파운드는 큰 돈을 나타내는 세상에서, 가장 거룩한 인간들이 낮은 가격에 사고 팔리며, 최악의 인간들이 대우받고 높이 평가되는 그런 혼돈은 도대체 무엇인가?

그렇지만 우리가 눈으로 보고 생각한다면, 사물의 이 부조화 가운데서 화합을 보아야 한다. 하나님은 현명한 목수인 까닭에, 자신의 일을 제멋대로 재단하지 않는다. 우리 가운데는 외형적인 잡동사니 같은 혼잡함이 있다. 그러나 심판의 날까지 기다리면, 우리는 하나님 자신의 영광과 자기 백성의 선을 위해 이 모든 것을 합당하게 하는 무한한 지혜를 보게 될 것이다.

[반대 3]

하지만 하나님이 있다면 왜 주님은 자기 백성의 기도를 듣지 아니하시는가?

왜 주님은 그들이 주님을 가장 필요로 할 때 그들을 잊어버리시는가?

[대답 3]

노아의 비둘기는 그 입에 평화의 감람 잎사귀를 가지고 당장에 돌아오지 않는다. 속도를 잘 내는 기도도 때로는 당장 응답되지 않음은 하나님이 주셔야 하는 긍휼의 풍성함을 가져오기 위한 충분한 동반자가 없기 때문이다.

주님은 그들의 구함에 대해 구한 만큼, 혹은 구한 것 이상으로, 돈으로, 혹은 돈과 동일한 가치의 것으로 항상 주신다. 주님은 항상 강청하는 거지에게 응답하되, 페니로 조금씩 조금씩 주시거나, 혹은 파운드로 주신다. 주님은 때로 주시기까지 오래 걸리지만, 기다리는 그들에게 잘 주신다.

(2) 적용

[적용 1]
이것은 생각에서 혹은 실제 행실에서 보이는 모든 불신자를 향한 책망에 대한 적용이다.

첫째, 생각에서이다.
하나님이 없다고 결론내거나 의심하는 자들의 경우이다.
오! 신성모독의 사고로다.
그런 사람들이 있느냐고?
사람!
아니 동물이요, 아니, 마귀다. 아니 마귀보다 더 나쁘니, 마귀도 하나님을 믿고 떤다.

> 어리석은 자는 그의 마음에 이르기를 하나님이 없다 하는도다(시 14:1).

머리 없고, 지식 없으며, 마음 없는 약한 두뇌를 가진 학자들, 이들은 오직 자신의 책을 통해 인도함을 받고, 만물이 제2원인을 통해 오는지를 알지만, 그들의 생각을 높여 정작 제1원인을 바라보지는 못할 정도로 멍청하다.[1]

큰 정치가들도 아이들 같아서 항상 하늘을 대항해 머리를 들고 발꿈치를 흔들어 댄다. 이들은 기독교가 사람들을 두려움에 떨게 하는 오직 정책의 일부에 지나지 않는다고 본다.

---

[1] 제1원인(*causa prima*)과 제2원인(*causa secunda*)은 토마스 아퀴나스가 『신학대전』에서 말한 용어다. 제1원인은 원인 중의 원인으로 만물의 창조주 하나님을, 제2원인은 제1원인으로 인해 생겨난 모든 것을 뜻한다(역주).

불경한 자들은 죄짓기를 계속하려 하고, 죄가 무엇인지를 생각해 보지 않고, 모든 자연의 빛을 불어서 꺼 버리므로, 처벌하는 하나님이 없기를 소원하며, 참으로 존재하는 것을 없는 것으로 의심하고 마음에 가책을 조금도 느끼지 않는다. 그들은 드러내 놓고 조물주나 혹은 양심의 빛에 반하지는 않을지라도, 남모르게 죄를 짓는다. 무서운 맹목성으로 행한 근친상간, 동성애, 자위를 한 자들을 하나님은 치신다.

드러나게 세상적인 자들은, 자신들의 곡식 창고 이상은 높이 쳐다보지 않으며, 자신들의 가게보다 더 멀리는 바라보지 않는다. 그들의 눈에는 세상이 진주다. 그러니 그들은 하나님을 볼 수 없다.

마지막으로 내가 생각건대, 그런 사람들은 자신들과 함께 시작되고 성장한 이 도적 같은 행위, 이 죄를 결코 발견하지 못하며 그들의 심령으로 이를 보지 못하지만, 이 죄가 여전히 그들 영혼의 어떤 어두운 구석에 누워서 그들의 목을 자를 것이다. 이런 자들이 바로 때로 하나님이 없다 생각하는 자들이다.

오! 이것은 슬픈 죄이다.

만일 하나님이 없다면, 천국도, 지옥도, 순교자들도, 선지자들도, 성경도 없다. 그렇다면 그리스도는 경악스러운 거짓말쟁이요 사기꾼이다. 다른 죄도 하나님을 모욕하고 슬프게 하고, 또한 상처를 주지만, 이 죄는 하나님의 심장 그것을 찌르는 것이니, 이는 생명을 때리는 것이며, (죄인에게는 많이 있는 것으로) 하나님의 죽음이 있다. 왜냐하면, 이는 "하나님이 없다"라고 말하기 때문이다.

둘째, 실제 행실에서이다.

그들은 "하나님이 없다"라고 말하며, 이를 의심하지 않으며, 행실 가운데 하나님을 부인한다. 왕을 그 보좌에서 끌어내리는 자는 "그가 더 이상 왕이 아니다"라고 말하는 자만큼이나 악하다. 이런 사람들은 생각으로만 무신론자들만큼이나 나쁘다.

우리는 각처에서 먼지 쓰레기에 속하는 자들이 자신들의 실제 행실 가운데 하나님을 부인함을 발견하게 된다. 그들은 하나님의 방에 다른 신들을 세우는 자들이다. 그들의 재산, 그들의 명예, 그들의 기쁨, 그들의 등과 배는 그들의 신들이다.

참된 하나님을 대적하는 일을 행하려는 배짱을 가진 자들, 이들은 우상 숭배자들이다. 이들은 자신들의 우상 신들에게는 대적하지 않는다. 그러면서 하나님은 계속 모욕한다. 그들은 기도를 통해 자신에게 없는 것들을 구하지도, 찬양으로 다시금 하나님께 되돌아서지도 않는다.

[적용 2]

이는 권면하기 위함이다.

오! 하나님을 보고 또한 그분만을 주목하기를 힘쓰라.

하나님이 계시니, 당신은 주께 좋은 눈길을 드리지 않겠는가?

오! 샘의 원천에 이를 때까지 모든 강을 지나치라.

모든 피조물을 무릅쓰고 나아가, 마침내는 하나님으로 흠뻑 젖게 하고 몸을 던지며, 삼키움을 당하라.

당신이 하늘을 보면 말하라.

"이를 만드신 위대한 건축가는 어디에 있는가?"

당신이 나라들의 부침(浮沈)을 들으면 말하라.

"만군의 주, 이 군대의 큰 대장은 어디에 있는가?"

피조물이나 하나님 율례의 달콤함을 맛보면 말하라.

"달콤함, 아름다움은 어디에 있는가?

바다의 이 물방울은, 태양의 이런 햇살은 어디에 있는가?"

오! 사람들이 하나님을 보았다.

주님을 본 것은 하늘이다. 당신은 그때에 지옥의 한 귀퉁이에 있기에, 주님을 볼 수도, 보지도 못한다.

그럼에도 하나님보다 덜 알려진 것이 무엇인가?

내 생각으로는, 사람들이 자신 주위에 하나님이 계심을 들으면, 그들은 하나님의 영광 때문에 먼지 가운데 눕고 기어야 할 것이라.

사람들이 주님을 보았을 때 말할 것이다.

"누가 하나님에 대해 말하는가?"

그렇다. 사람들은 하나님께 말을 걸 수 없다.

그러나 거지들도 위선적으로 말하는 것을 배운 것처럼, 많은 사람이 기도하는 것을 배웠다.

하지만 사람들은 기도 중에 하나님을 보지 않는다. 그러므로 그들은 기도를 통해 하나님께 말을 걸지 않는다. 사람은 죄를 짓고, 하나님은 찡그리시지만, (이는 사탄을 떨게 만든다.) 사람의 심령은 떨지 않으니, 이는 하나님을 보지 못한 까닭이다.

[적용 3]

오! 이런 하나님을 우리 하나님으로 선택하라.

하나님이 계신들, 우리 하나님이 아니라면, 우리가 더 나은 것이 무엇이란 말인가?

우리의 모든 우상 신을 내던지고 하나님을 높이라.

하나님이 우리의 선을 위해 일하지 않으시고, 우리에게 어떤 선을 행한 피조물이 존재한다면, 그를 사랑하고, 우리의 신으로 여기라.

당신의 죽음의 침상에서 혹은 당신이 이 세상을 떠날 때, 당신에게 어떤 도움이 되는 이가 있다면, 그를 당신의 신으로 삼으라.

당신이 인도에서 태어나 참하나님을 듣지 못했을 수도 있었다면, 귀신을 당신의 신으로 숭배했을 것이다.

그러나 이제 하나님만을 우리 하나님으로 선택하라.

우리 자신을 하나님께 전적으로 그리고 영원히 내어 드리라. 그러면 주님은 영원히 우리에게 자신의 모든 것을 내주시리라.

울며 주님을 구하라. 그러면 그분을 찾을 것이다.

언약의 강한 맹세와 결속 때문에 우리 자신이 주의 소유가 되도록 묶으라. 그러면 주님은 우리와 언약을 맺으실 것이요, 마찬가지로 주님은 우리의 하나님이 되실 것이다(렘 50:3, 5).

[적용 4]
이는 하나님을 위해 모든 것을 포기한 자들을 위한 위로의 적용이다. 우리는 헛되이 모든 것을 잃어버리지 않았고, 그림자를 위해 본질을 버리지 않았으며, 그 뭔가를 위해 그림자를 버렸다.

모든 위로가 없어질 때, 우리를 위로할 하나님이 존재하신다. 우리가 여기서는 어떤 안식도 갖지 못하지만, 품에 안겨 쉴 수 있는 하나님이 존재하신다. 우리가 죽더라도 주님은 우리를 살리실 수 있다. 우리가 약할 때도 그분은 강하다. 친구들이 가고 없을 때도 그분은 우리에게 확실한 친구가 되신다.

2. 하나님이 영화로우신 이유

이처럼 이 교리 혹은 신적 진리에 대한 첫 부분의 상당수는 '한 분 하나님이 존재하신다'이다. 다음으로 하나님이 가장 영화로우신 하나님임을 보이고자 한다. 네 가지 점에서 주님은 영화로우시다.

1) 하나님은 그 본질에서 영화로우시다

이 영광은 어떤 인간이나 천사도 갖지 못하고 있으며, 영원히 알 수 없는 것이다. 새조개가 바다를 알 수 없는 법이다. 주님은 하나님의 지혜를 가지셨으니, 하나님이 되시며, 하나님의 본질을 이해하신다.

비록 있는 그대로 이해될 수 없지만, 이것이 이해 불가하고 영화로우심은 깨달을 수 있다. 이것이 주님이 더욱 찬양받으시도록 만드는바, 태양의 빛이 너무 강해서 볼 수 없다는 점에서 우리가 태양을 칭송하는 것과 같다.

2) 하나님은 그 속성에서 영화로우시다

이 속성은 하나님의 완전성으로, 이것 때문에 하나님이 우리에게 알려지시게 된다. 이 속성은 하나님 안의 자질(qualities)이 아니라 성품(natures)이다. 하나님의 지혜는 하나님 자신이고, 하나님의 능력도 하나님 자신이다. 그것이 다양한 것은 하나님 안에서가 아니라, 우리의 이해라는 점에서 그리고 상이한 목적들에 대한 상이한 효과라는 점에서만 그렇다. 하나님이 악인을 벌하시는 것은 하나님의 공의요, 하나님이 불쌍한 자를 가엾게 여기심은 하나님의 긍휼이다. 하나님의 속성은 난해한 면을 제외하면 다음과 같다.

(1) 하나님은 영이시다(요 4:24)
그러므로 하나님은 성령의 인도하심 없이 행해지는 모든 경배나 의무를 싫어하신다. 마치 수치나 슬픔 없이 우리 죄를 고백하고, 이해 없이 주기도문을 말하는 것과 같다. 또한, 말씀을 듣는다는 것 역시 우리가 더 많이 영향을 받으려 함이 아니라 오직 말씀을 더 알려고 함이 그렇다.

오! 이런 거룩한 의무를 외면하는 것은 하나님 앞에 가장 추악한 제물을 드림과 다름없다.

(2) 하나님은 살아 계신 분이다

주님은 스스로 존재하시며, 다른 모든 것에 생명을 주시는 분이다.

우리를 살리는 이 생명의 원리에 죽은 심령을 던져 버리라. 그러면 주의 전능한 힘이 우리의 무덤에서부터 우리를 뽑아내 우리의 죽음의 옷을 벗기고 우리를 살도록 하신다.

(3) 하나님은 무한하신 분이다

이로써 주님은 존재의 한계가 없다(대하 6:18). 가장 작은 죄도 공포스러운 것은 이것이 무한하시고 위대하신 하나님을 거스르기 때문이요, 그래서 하나님이 분노하시는 자들의 처지는 참담하다. 우리는 자신을 대신하는 무한한 선을 가지며 또한 우리를 대항하는 무한한 권능과 진노를 가진다.

(4) 하나님은 영원하신 분이다

그래서 존재의 시작도 끝도 없다(시 80:1). 그러므로 이 영원하신 하나님보다 짧은 순간의 쾌락을 택하는 자들의 어리석음은 크다. 에서는 작은 팥죽 한 그릇에 영원한 기업을 팔아 치웠다. 바로 천한 정욕과 그 쾌락을 위해서이다.

(5) 하나님은 모든 것에서 충만하신 분이다 (창 17:1)

그러므로 우리가 무엇이 부족한가?

우리가 하나님과 하나님의 사랑을 기꺼이 가지려 한다면, 우리가 그분을 구하는 수고를 하거나, 어찌하든 모든 비용을 들여 주님을 구하려는 것을 싫다고 하겠는가?

무한, 영원, 현재적 감미로움, 선함, 은혜, 영광, 그리고 긍휼을 하나님 안에서 찾을 수 있다.

왜 우리는 큰 산에서 작은 언덕까지 소문을 내는가?

왜 만족하지 못할 것을 위해 우리의 돈, 생각, 시간과 노력을 쏟는가? 여기에 우리의 안식처가 있다.

우리의 옷은 우리를 덮힐 수는 있지만 먹이지는 못한다. 우리의 양식이 우리를 먹일 수는 있지만 우리를 치유하지는 못한다. 의사는 우리를 치유할 수는 있지만 우리를 지탱하지는 못한다. 우리의 돈은 우리를 지탱할 수 는 있지만, 양심의 불안과 심령의 고통이 우리에게 임하면 우리를 위로하지는 못한다.

하나님은 슬픔 가운데 기쁨, 흑암 가운데 빛, 죽음 가운데 생명, 지옥 가운데 천국이시다. 여기에 우리의 눈이 보고, 우리의 심령이 원하고, 우리의 혀가 원하고, 우리의 마음이 생각하던 모든 것이 있다.

여기에 이 태양 안의 모든 빛, 이 바다 안의 모든 물이 있고, 이 물로부터 곧 수정 같은 샘에서부터 우리는 영원히 천지에 있는 모든 피조물의 모든 정제된 감미로움을 허리 굽혀 마시게 된다. 온 세상은 이제 안식을 구하며 이를 찾기에 지쳐 있다. 여기에서만 이것을 찾을 수 있다.

(6) 하나님은 전능하신 분이다

이로써 주님은 뜻한 바를 하실 수 있다. 그러므로 하나님을 대적하는 어떤 한 가지 죄에 대해 죄 된 혹은 은밀히 가까이 지속하려는 것을 포기하고 이제 고집하지 마라. 하나님은 너무 강하심으로 그분의 좋으신 대로 우리를 부서뜨리실 수 있기 때문이다.

(7) 하나님은 전지하신 분이다

주님은 무엇이 알려지고 혹은 알려질 수 있는지를 아신다. 그러므로 우리의 모든 행사에서 오직 하나님께만 우리 자신을 입증하라. 사람들이 우리에 대해 말하고, 욕하고, 생각하는 것은 문제가 아니다. 이 세상 연극 무대에서 우리의 동료 배우가 상상하는 것은 문제가 아니다. 하나님은 큰 관람자이시니 모든 면에서 우리를 보신다. 하나님은 우리의 정찰자이시니 우리 삶의 모든 행위를 온전히 주목하신다.

그것들은 하늘의 행위록에 씌여져 있는바, 큰 관찰자요 재판장이 마지막 날에 이것들을 열고 세상 만인의 귀에 대고 크게 읽으실 것이다. 그러므로 은밀한 죄를 두려워하라. 우리가 하나님의 눈도 분별할 수 없는 어떤 어두운 구멍을 찾지 못하는 한 그리하라. 거룩한 의무를 은밀히 등한시함을 탄식하라.

또한, 우리의 은밀한 위선, 매춘, 외설, 그리고 우리 얼굴의 수치를 탄식하고 용서와 긍휼을 바라고 하나님 앞으로 나오라. 주의 오래 참음을 찬양하고 놀라라. 우리를 보셨으되 우리를 저주하지 않으심은 그분의 오래 참으심이다.

(8) 하나님은 참되신 분이다

이로써 주님은 말하신 바를 행하신다. 그러므로 하나님의 자녀는 주의 위로를 알라. 그분의 약속 아래 갖는 것은 무엇이든 어느 날 모두 복이 될 것이다. 모든 악인은 알라. 하나님을 위협하는 것이 당신을 고발했고, 또한 활시위에 있는 화살마다 어느 날 당신에게 날아가 명중하여 당신을 깊이 때릴 것이다. 주의 당김이 더 길수록 하나님의 화살(즉, 하나님의 복수)은 더 깊게 상처를 내리라.

(9) 하나님은 거룩하신 분이다

그러므로 거룩함을 부끄러워하지 마라. 만약 거룩함이 일반적인 정직의 수준을 넘도록 요구받으면, 눈멀고 미친 세상은 이를 미친 것으로 간주한다.

만일 의인(즉, 가장 거룩한 자)이 겨우 구원받으면, 불경한 자와 죄인은 어디에 설 수 있으리요?(벧전 4:18)

어디에?

성도나 천사 앞이 아니다. 왜냐하면, 거룩은 그들의 상표인 까닭이다. 인자이신 그리스도 예수의 얼굴 앞도 아니다. 왜냐하면, 거룩은 주의 양식과 마실 것이었던 까닭이다. 찬양을 받으시는 하나님의 면전도 아니니, 거룩은 그분의 본성인 까닭이다. 천국도 아님은 불결한 것은 결단코 거기에 기어들어 갈 수 없는 까닭이다.

그들은 자신들의 위로가 되시는 하나님, 그리스도, 성도, 천사, 천국을 결코 볼 수 없다. 그들은 거룩하지 않기 때문이다. 그러므로 지금 우리의 면류관으로서 거룩을 입으라. 그것이 천국에서 우리 영광이 될 것이다. 하지만 만일 이것이 더러워져야 하는 것이라면 더욱 더러워지라.

(10) 하나님은 공의로우시고 긍휼하신 분이다

하나님이 공의로우시기에 모든 죄를 벌하실 것이다. 그러나 하나님은 긍휼하시기에 그리스도의 면전에서 어떤 죄도 벌하지 아니하실 것이다. 이는 그가 우리 죄를 위해 우리가 받을 심판을 이미 그리스도께서 짊어지셨기 때문이다. 하나님은 강퍅한 심령을 가진 죄인에게 공의의 하나님이시며, 겸손한 죄인에게 긍휼의 하나님이시다. 하나님은 완전히 긍휼하시다고 해서 공의가 없는 분이 아니요, 완전하게 공의로우시다고 해서 긍휼이 없으신 분이 아니다.

주께 복종하라. 그러면 그분의 긍휼이 우리를 감싼다.

주께 반항하라. 그러면 그분의 공의가 우리를 좇는다.

하나님의 자녀가 참으로 겸손하다면, 그는 하나님을 강퍅하고 잔인한 하나님, 도와주기를 싫어하는 하나님으로 만들거나 이런 죄인이 용서받을 수 있을까요라고 물을 수 없다.

악한 자는 한 번도 겸손한 적이 없어 하나님을 거짓말쟁이로 만든다. 그는 자기가 아무리 악한 말을 해도 하나님은 긍휼의 하나님이시니 괜찮다며 주님의 말씀대로 행하려 하지 않는다. 그래서 그 자는 가장 극악한 죄라도 용서받을 수 있다고 믿는다. 그러나 들은 그대로 주님은 공의의 하나님이심을 생각하라.

3) 하나님은 그 인격에서 영화로우시다

주의 인격은 셋이다. 즉, 낳으시는(begetting) 아버지, 독생하신(begotten) 아들, 그리고 제삼위이신 나오시는(proceeding) 성령이시다. 여기서 하나님 아버지는 "영광의 아버지"(엡 1:17)로 불리시며, 그리스도는 "영광의 주"(고전 2:8)로, 성령은 "영광의 영"(벧전 4:14)으로 불리신다.

아버지는 선택의 위대한 사역에서 영화로우시고, 아들은 구속의 위대한 사역에서 영화로우시고, 성령은 적용의 사역에서 영화로우시다. 아버지는 그 집을 선택하심(choosing)에서 영화로우시고, 아들은 그 집을 값주고 사심(buying)에서 영화로우시고, 성령은 그 집, 곧 불쌍하고 잃어버린 죄인의 심령 안에 내주하심(dwelling)에서 영화로우시다.

4) 하나님은 그 사역에서 영화로우시다

하나님은 창조의 사역 그리고 섭리와 통치의 사역에서 영화로우시다.

그러므로 주님이 다음과 같이 우리에게 호의를 베푸셨음을 놀라워하라.

벌레, 배설물, 나병과 같은 우리를 바라보셨다는 것, 또 그 아들을 우리에게 보내사 우리를 보호하시고 우리를 위해 죽게 하셨다는 것, 또 우리를 부르시고, 힘써 수고하시고, 기다리시며, 자신과 그분의 모든 가치를 우리를 위해 내어놓으셨다는 것이다.

오! 우리가 그분 앞에 이를 때 이렇게 하신 하나님을 경외하라.

사람들이 기도로 하나님 앞에 나올 때, 마치 친구들 앞에 혹은 우상 앞에 나오듯 한다. 사람들은 말씀하시는 그분의 목소리에 떨지 않는다.

나라에서는 왕이나 군주가 섬김을 받는다.

그러나 사람들은 얼마나 무례하고 게으르게 자신의 거룩한 의무를 수행하지 않고 그 주변에서만 배회하는가!

이상 첫머리 되는 원리, 곧 가장 영화로우신 한 분 하나님이 존재하신다는 것에 대해 말했다. 이제 두 번째 원리로 나아간다.

제2장

영광과 행복을 누리며 하나님을 닮는 자

하나님은 인류를 가장 영화롭고 행복한 상태로 그리고 하나님을 닮은 자로 만드셨다.

1. 인간의 창조 상태

> 하나님이 사람을 정직하게 지으셨으나 사람은 많은 꾀를 낸 것이라(전 7:29).

이 주장을 설명하기 위해 내가 택한 전도서 7장 29절은 이를 분명하게 나타내고 있다. 하나님은 처음에 아담 안에서, 곧 가장 영화롭고 행복하고 의로운 상태로 인류를 만드셨다. 인간이 하나님의 주조로 처음 나왔을 때 가장 영광스럽게 빛났다.

모든 피조물 안에는 경이로운 영광이 있는데, 하물며 피조물의 목적인 인간에게는 얼마나 더 큰 영광이 있겠는가. 하나님이 인간을 만들려 하실 때, 의회를 부르고 평의회를 소집하셔서 이렇게 말씀하셨다.

> 우리의 형상을 따라 우리의 모양대로 우리가 사람을 만들고(창 1:26).

하나님은 마치 삼위 하나님의 모든 지혜가 인간 안에서 보여야 하는 것처럼 창조하셨다.

인간의 영광과 복이 어디에서 나타났는가?

그에게 임한 하나님의 형상에서이다(창 1:26).

요셉의 경우와 같이 신하가 자신의 왕처럼 보이는 것, 그보다 더 큰 영광이 있을 수 있는가?

무엇이 하나님의 형상이었는가?

신학자들과 사제들은 이것에 대해 호기심 넘치고도 어려운 질문을 갖는다. 나는 그들의 의문들을 열외로 하고, 오직 사도의 판단을 말하고자 한다. 여기서 하나님의 형상에 대한 일반적 기술은 다음과 같이 수렴된다(골 3:10). 즉, 이는 인간의 거룩함의 완성, 곧 하나님이 칭찬하실 만한 닮음이다. 인간은 오직 이로써 하나님을 기쁘시게 한다.

다른 모든 열등한 피조물도 하나님의 권능, 지혜, 선함의 흔적과 발자국을 가지며, 이 모든 속성이 거기서 보인다. 하지만 하나님은 가장 온전한 속성 중 하나인 그분의 거룩하심 안에서만 인간이 나타나길 원하셨고, 사람 곧 하나님의 최상의 피조물을 통해 그 거룩하심이 드러나기를 원하셨다.

왕의 지혜와 은택이 그 나라의 일들을 행하는 과정에서 나타나는 것처럼, 하나님의 가장 뛰어난 완전성은 하나님 옆에 계신 그분의 독생자의 얼굴과 성품에서 나타난다.

2. 인간에게 있는 하나님의 형상

1) 지성(understanding)

이것은 하나님의 지성을 닮아가는 것이다. 여기서 하나님의 형상은 주로 다음의 특별한 점에 존재한다. 즉, 하나님이 자신을 보시고 자신의 무한하고 끝없는 영광과 탁월성을 주목하셨던 것처럼, 인간도 하나님의 탁월성에 관여하며 하나님을 가장 영화로우시다고 본다.

모세가 비록 죄인임에도 하나님을 대면해 보았는데, 온전한 인간이었던 아담은 말할 것도 없었다. 인간을 사랑하시는 하나님이 인간에게 자신을 계시하지 않으실 수 없었다.

2) 사랑(affections)

첫째, 하나님이 자신을 보고 자신을 사랑하셨던 것처럼, 아담 역시 하나님을 보고 사랑했으되, 세상이나 자신보다 더욱 사랑했다. 쇳덩이가 불에 들어가면 아무것도 남지 않고 불이 되듯, 아담 역시 하나님으로부터 사랑을 받고 사랑의 품에 빠져들었고 하나님을 다시금 사랑했다.

둘째, 하나님이 자신으로 기뻐했듯, 아담도 하나님으로 기뻐했고, 하나님의 품 속에서 감미로운 휴식을 취했다. 내 생각에 아담은 하나님 안에 거함으로 계속적인 환희 상태에 빠져 있었을 것이다.

3) 뜻(will)

첫째, 하나님이 자신의 뜻을 이루는 것이 최종 목적이었던 것처럼, 아담은 자신의 마지막 목적으로 하나님의 뜻을 행했다. 이는 지금의 인간이 하는 것과는 다르다.

둘째, 하나님이 오직 선만을 뜻하셨던 것처럼, 아담 역시 비록 가변적이기는 않았지만 선만을 뜻했다. 하나님의 뜻이 그의 뜻이었기 때문이다.

4) 삶(life)

하나님이 인간의 본성을 가장(假裝)했다면, 외적으로도 그렇게 사셨을 것이요, 아담도 마찬가지였다. 하나님이 자신의 뜻, 율법, 규칙을 좇아 살기를 원하셨을 것이요, 아담도 그러했다.

아담의 육신은 등잔이다. 심령 안에서 불타고 있는 등처럼 이 육신의 등잔을 통해 거룩이 비취었다.

이것이 하나님의 형상이었고, 이 방식으로 그가 하나님을 기쁘시게 했다는 표현에서 언급된 것처럼 사랑의 기초가 되는 닮음이다. 따라서 하나님은 가장 다정하게 그를 사랑하셨고, 그를 높이 존귀하게 하여 모든 피조물의 주인으로 삼으셨다.

어떤 악도 그를 상하게 할 수 없었다. 그런 상황이 계속됐다면 그렇다. 여기에는 어떤 슬픔도, 어떤 병도, 어떤 눈물도, 어떤 죽음도, 어떤 지옥도 없었으니, 만일 그가 그대로 서 있었다면 항상 그리했을 것이다.

[반대]
어떻게 이 처지가 우리의 것이었는가?

[대답]
그리스도의 의가 믿는 자에게 전가되어 믿는 자의 의가 됨으로, 비록 그가 이 의를 자신 스스로 행했던 적이 없어도 그리한 것과 같다. 마찬가지로 아담의 의와 형상도 우리에게 전가되었고 우리 것으로 간주되었다. 왜냐하면, 아담이 우리 재물 혹은 유산을 받았음은 우리를 위해 이를 지키도

록 그리고 우리에게 이를 전달하도록 하기 위함이었기 때문이다.

아담이 파산하므로 우리는 그것을 잃었다. 하지만 마치 고아가 자신에게 남겨진 큰 재산이 있지만, 후견인으로부터 아직 한 푼도 받지 못함과 같이, 우리는 그의 손아귀에 있는 그것을 가졌다. 그 후견인은 그를 위해 이를 지켜야 하고 그에게 이를 전달해야 한다.

여기 소름끼치는 죄의 본질을 보라.

죄는 인간의 귀를 잡아 왕좌로부터, 또한 그리 대단한 것은 아니지만, 그의 완전함에서 끌어내렸다. 아담은 이렇게 자신을 변호하며 이렇게 말했을 것이다

"비록 내가 죄를 지었지만, 단 한 번, 처음 잘못입니다.

주여, 보소서!

나는 주의 장자이니 나의 불쌍한 후손을 어여삐 여기소서. 주님이 용서하지 않으시면 그들은 결코 미완성입니다."

그러나 하나의 죄가 그와 그의 모든 후손을 바닥으로 가라앉게 만들어, 우리가 듣는 것처럼 영원한 멸망으로 가라앉았다.

그러므로 배우라.

하나님이 얼마나 공의롭게 각각의 인간에게 모든 율법에 온전한 순종을 요구하시는지, 그리고 이를 행하지 못하는 자를 정죄하시는지를 말이다. 왜냐하면, 인간은 태초에 이처럼 영광스런 상태로 창조되었고, 하나님을 온전히 기쁘시게 하도록 하는 능력을 받았기 때문이다. 그러므로 하나님은 이 완전한 순종으로 빚을 갚으라고 요구하신다.

지금 사람은 깨진 채로 감옥 안에 있다. 그러니 만일 모든 빚을 완벽하게 갚을 수 없다면 그는 지옥에 영원히 있어야 할 것이다. 그가 잘 운영했다면 모든 것을 완전히 지불할 수 있었을 재물을 하나님이 그에게 위임하셨을 것이기 때문이다.

보라. 각 사람이 지금 떨어져 있는 자신의 비참한 처지를 한탄해야 하는 이유가 무엇인지 말이다. 거지의 자녀들이 부랑 생활을 하고 가난하

게 사는 것은, 위대한 왕의 자녀들이 그렇게 되는 것만큼 한탄스런 것은 아니다. 왕의 호의를 한 번도 입지 않은 자는, 한때 호의를 입었지만 지금은 내쳐진 자만큼 비통하지 않다.

인간은 한때 하나님으로부터 사랑받았으나 이제 하나님으로부터 거절당한다. 인간은 자신이 한때 세상의 왕과 주로 있던 땅을 이제는 이리저리 배회하는 존재이다. 이것은 저주받은 자를 더욱 몇 배로 슬프게 만든다.

오! 내가 한때 가졌던 소망들, 방편들, 긍휼들이여!

인간들의 소망과 평범한 긍휼을 상실한 것 때문에 위와 같이 탄식할 수 있는가?
그렇다면 그렇게 할 수 없는 자들은 어떤 심령을 가진 자들인가?
그런 특별한 높은 호의를 잃어버리고, 한때는 가졌으나 이제는 사라진 것을 탄식하려 하지 않는 그들은 어떤 자들인가?

첫 성전의 영광을 보았던 자들은 둘째 성전의 영광을 볼 때, 이것이 처음 것보다 못한 것을 보면서 울었다고 한다.

하나님의 성전이 당신 안에서 수리되기 시작했거나 혹은 전혀 하지 않았거나 둘 중 하나인 당신!

불에 탄 성전을 생각하라.

지금 하나님의 영광은 사라지고 없다.

이것은 모든 하나님의 백성에게 위로를 준다. 만일 모든 아담의 후손이 그 안에서 온전히 의로웠다면, 지금 우리는 왕의 영광을 가지며 또한 그리스도 안에 있는 것 때문에 훨씬 더 주 안에서 온전히 의롭다. 둘째 아담의 의가 첫째 아담의 의를 뛰어넘는 것만큼이나 그렇다.

마찬가지로 우리는 첫째 아담이 자신 안에서 그리했던 것보다 둘째 아담 안에서 훨씬 행복하고 훨씬 거룩하다. 아담은 자기의 모든 의를 잃을 수 있었지만, 둘째 아담은 그럴 수 없고 그리하지도 않는다. 그래서 만일 그리스도가 정죄를 받는다면 우리도 그럴 수 있으나, 그럴 리는 없다.

3. 책망받는 세 부류의 사람

1) 거룩함을 부끄러워하는 자들

"주여 어느 때에 우리가 지금처럼 타락했나이까?"

하나님의 형상, 이는 한때 인간들의 영광이었으나 이제는 그들의 부끄러움이다. 죄는 인간들의 부끄러움이되 지금은 그들의 영광이다.

세상은 거룩한 삶에 대해 많은 거짓 소문을 내서 이를 어리석음, 고집, 교만, 위선이라 부른다. 사람들이 만드는 것은 그것이 무엇이든 그들의 죄가 그들 이마에 쓰여 있다면, 그들은 최악의 인간만큼이나 나쁜 존재임을 보여 준다.

그래서 많은 사람이 새로운 인간이 되고 또한 새롭게 변화되도록 거의 설득되지만, 세상 앞에서의 부끄러움 때문에 "그렇다면 그들이 나를 어떻게 생각할까"라고 말하며 신앙의 삶으로 들어오려는 용기를 내지도 심지어 그런 의도를 갖지도 않는다.

사람들은 장수를 위해 술을 마시고 이를 합당하게 유지하는 것을 마다함은 부끄러워한다. 우리 멋진 청년들은 유행에 뒤쳐져 있음을 부끄러워한다. 그래서 그들은 가슴이 훤히 드러나고 이상한 옷차림을 아름다운 것으로 변호하려 한다.

오! 시대의 영합자들이여!

그들은 양심으로는 정직하려 하고 그렇게 명성도 받으려 하지만, 스스로를 모든 세상 동료에 맞춘다. 그들이 남들의 거짓 맹세를 들으면 그들을 책망하기를 부끄러워한다. 그들은 나쁜 동료 사이에서 거룩한 토론을 꺼내는 것을 부끄러워한다. 그들은 돼지 앞에 진주를 던지지 말아야 한다며 사려 분별이 있는 척한다. 하지만 모든 일의 기저에는 그들이 거룩하기를 부끄러워하는 마음이 있다.

오! 두렵다!

하나님처럼 되는 것이 수치인가?

오! 죄 많은 가엾은 자여!

경건한 것 외에는 무엇이든 유익하다고 여기는 많은 사람에게 신앙은 수치다. 여러분이 무슨 얼굴을 하고 감히 기도하는지, 혹은 어떤 모습으로 마지막 날에 영광의 주님을 뵐 것인지 나는 궁금하다.

지금 누가 주님을 부끄러워하는가?

그때가 되면 주님은 모든 인간, 모든 천사, 모든 귀신으로부터도 경배를 받으실 것이다.

당신은 그리스도로부터 삯을 구하려 하는가?

그리스도 영접하기를 혹은 그분의 옷 입기를 부끄러워하는 당신이?

2) 거룩함을 미워하는 자들

이것은 거룩함을 부끄러워하는 것보다 더한 것이다.

3) 어느 정도의 거룩함으로 스스로 만족하는 자들

완전한 거룩함은 아담의 형상이었고, 이로써 그는 하나님을 기쁘시게 했다.

약간의 거룩함이 당신을 만족하게 하는가?

현재 그런 부류가 셋 있다.

(1) 형식주의자들

이들은 자신에게 유익을 주는 한, 스스로 약간의 거룩함에 만족하는 자들이다.

믿음의 형식과 이름이 때로는 명예(*honos*)인 반면, 믿음의 능력과 실행은 하나의 부담(*onus*)이다. 그래서 사람들은 전자는 선택하지만 후자는 내버린다. 실제로 대부분의 사람이 이 과정을 택한다. 만일 그들이 어떤 선함도 지니지 않는다면, 그들은 수치, 조롱, 그 시대 식탁에서의 잡담일 뿐이다.

그러나 각 사람은 자신의 명예를 위해 이 형식은 가지려고 한다. 지금 이 형식은 그가 주조된 틀에 따른 것이다. 그의 지인이 오직 예의 바르다면 그들 같으려 할 것이요, 그들이 더욱 기도, 읽기, 회의에 엄정하다면, 그들보다 1인치라도 떨어져 있으려 하지 않을 것이다. 만일 그의 동료들보다 나음이, 그들보다 먼저 선두에 서는 것이 자신에게 유익이 되면, 그는 어떤 비용이 들든지 그렇게 할 것이다.

하지만 그는 이것 때문에 미움을 받을 만큼 삶에서는 그처럼 엄격하지 않다. 특히, 그가 어떤 이들에게 받은 미움이 다른 사람들에게서 더 많은 사랑과 신용으로 보상받는다는 것을 알지 못하는 한 그렇다.

형식주의자는 자신이 소속된 장소와 사람들에 따라 자신을 위장한다. 요아스왕은 제사장 여호야다가 살았던 동안에는 좋은 사람이었다. 만일 어떤 작은 종교 모임이 사람들에게 체면을 세워 준다면, 그것은 그때는 쓸모가 있을 것이다. 만일 다른 곳에서 더한 것이 있다면, 우리는 그들이 좋은 사람, 좋은 설교, 좋은 책이라 칭찬하며, 두세 문장의 좋은 글을 남기는 자들을 보게 될 것이다.

그렇다면 그들은 그를 어떻게 생각할까?

그들은 자신의 벌거벗음을 가리려고 평범한 정직이라는 무화과 잎으로 자신을 감싼다. 그들은 정직으로 모든 삶을 미끼 삼아 낚시질하려 하는바, 그들의 낚시는 오직 유익을 얻기 위함이다.

이런 자들을 다음과 같이 함정에 빠뜨릴 수 있다.

그들 집으로 그들을 따라가 보라. 그러면 거기에는 세상적인 것, 정욕, 나태함이 있다. 그들의 방으로 그들을 따라가 보라. 거기에서 그들은 일상적으로 의무를 등한시하고 콧소리나 내며 사사로이 헛된 생각에 묶여 있다.

이처럼 꾸며진 집에서 우리가 볼 수 있는 자들은 이런 무대 배우들뿐이다. 그들의 가게 창문은 닫혀 있다. 정직이 좀체 보이지 않는다. 이는 그들의 유익, 그들의 존경이 이 문에서 나오는 것이 아니기 때문이다.

이곳은 어느 누구도 그들을 주시하지 않는다.

어떤 목사 혹은 신실한 친구가 이런 자들을 찾아 그들이 비록 도금된 것이라도 썩은 기둥처럼 불건전하고 속 빈 심령의 곤고한 자라고 시험하고 발견하여 비난하고 정죄하게 하라.

그러면 그들의 심령은 두꺼비처럼 부풀어 오르며, 뱀처럼 쉿소리를 내며, 개처럼 으르렁 짖으며, 그들을 향해 욕할 것이다. 왜냐하면, 이는 그들에게서 자신들이 섬기는 하나님을 빼앗기 때문이요, 그들의 유익이 사라졌기 때문이다.

(2) 죄책과 자기 정죄의 죄인

이런 자는 형식주의자보다 더 나아간 자로, 스스로 대단한 거룩함에 만족하여 자신을 입 다물게 하려 한다. 모든 이방인은 나름의 어떤 종교를 가진다. 이는 자신을 괴롭히는 어떤 양심을 지니고 있기 때문이다. 이 사람은 만일 나쁜 죄 가운데 살았다면, 이것 때문에 고통받고 괴로워하기 시작한다. 그러면 그런 죄를 고백하고 버리려고 한다.

그러나 어떻게?

마치 어떤 개가 자기 고기를 먹음과 같다. 이는 개가 그 사체를 싫어하기 때문이 아니라, 몽둥이를 두려워하기 때문이다. 그는 거룩한 의무를 행한다. 하지만 그 이유는 그가 거룩한 의무를 사용하려고 해서가 아니라 사용해야 하기 때문이다.

그들에게는 양심을 잠잠하게 할 다른 무엇은 없기 때문이다.

만일 양심이 잠잠하다면, 의무는 생략한다. 만일 양심이 부르짖고 날뛰면 그는 의무감을 갖게 된다. 그래서 양심상 잘 들어맞는 양 좋은 기분을 갖는다. 위선자들보다 위에 있다고 자랑하며 기고만장하다. 그들이 가진 거룩함이 그냥 쇼가 아닌 까닭이다.

그렇다. 보여 주기가 아니다. 그러나 이는 당신의 양심을 멈추게 하고, 그것의 아우성을 잠재울 뿐이다. 당신이 뇌물을 주면 집행자인 당신의 양심을 잠잠하게 한다. 기도함으로, 말씀을 들음으로 그리고 슬퍼함으로써 말이다. 그러나 하나님, 곧 우리의 재판장은 당신의 책무에 놓아둘 무거운 것들을 가지신바, 그 앞에 당신은 두려움으로 조만간 서게 될 것이다.

(3) 갈망하는 독실한 위선자

이런 자는 지옥의 두려움으로 쫓기는 자로 더 멀리 나아가며, 매우 많은 거룩함을 위해 진력하여 이것 때문에 자신만을 구원하고 마침내는 천국에 이르게 해 줄 것을 원한다.

따라서 복음서의 젊은 관원은 그리스도께 큰 질문을 갖고 나왔다. 이는 불건전한 심령의 목사들이 가진 질문이기도 하다. 즉, 자신이 어떻게 하여야 영생을 얻을 수 있는가이다.

이런 사람들은 자신들의 생각에 매우 정직한 어떤 자, 그래서 의심할 바 없이 구원받을 수 있는 자를 상정한다. 따라서 그들은 그를 자신들의 모형과 견본으로 취하려 하고 그가 한 것을 행하려 노력하며, 그가 산 것처럼 살려 하고, 그가 가진 생각을 유지하려 하며, 그래서 구원받기를 소원한다. 그들은 매우 강한 호기심으로 묻는다.

"은혜의 가장 작은 척도 그리고 가장 작은 믿음의 씨앗이 무엇인가?"

그들에게 최상의 설교는 그들을 가장 겸손하게 하는 것이 아닌, 그들에게 기껏해야 아부하는 것이다. 이런 설교에서 그들은 좋은 욕망들이 하나님에 의해 얼마나 잘 응답되는지를 듣게 될 것이다. 그들이 듣는 설교가 자신들을 구원하는 그런 능력(virtue)이 있는 것이라면, 하나님은 단지 좋은 욕망에만 도움이 될 뿐이요, 그들 행동 가운데 있는 마귀는 그들의 모든 삶 가운데서 역사할 것이다.

따라서 그들은 무엇이나 하나님을 섬기는 것으로 만든다. 그들은 그리스도를 영화롭게 하는 것만큼 거룩함을 추구하는 열심을 내는 것이 아닌, 천국을 얻기 위해 자신들의 책무를 짊어지며 자신들을 구원할 만큼 열심을 낸다.

이것이 하나님의 자녀와 위선자 간의 가장 큰 차이점 중 하나다.

하나님의 자녀가 순종으로 의무들을 행하는 이유는 그리스도에 대한 사랑 때문이며 주의 임재를 원하기 때문이다. 그러므로 그는 날마다 탄식한다. 왜냐하면, 그리스도가 자신 때문에 더 큰 유익을 얻지 못하고 있음을 안타깝게 생각하기 때문이다.

반면, 위선자는 자신에 대한 사랑에서 의무들을 행하며 단지 자신의 영혼을 구원하려 한다. 그러므로 매일 자신의 죄를 탄식하는 것은 죄가 자신을 정죄하기 때문이다.

따라서 로마서 15장 33절을 기억하라.

평강의 하나님께서 너희 모든 사람과 함께 계실지어다. 아멘.

4. 하나님 형상 회복의 길

다시 새롭게 된 하나님의 형상을 갖도록 힘쓰라.
정직한 자는 자신의 빚을 갚기 위해 힘쓸 것이다.
이것은 하나님께 진 빚이다.
사람들이 얼마나 그런 경향(fashion) 가운데 있기를 힘쓰는가!
그 경향에서 벗어나는 것보다는 세상으로부터 벗어남이 더 낫다. 하나님과 같아지는 것은 하늘의 경향이요, 천사의 경향이지만, 주 예수님이 나타나실 때 완전해질 경향이다.
만일 당신이 자신 위에 하나님의 형상이 아닌 마귀의 이름과 형상을 가진다면, 하나님과 그리스도는 그날에 결코 당신을 소유하지 않으실 것이다. 그러므로 다시 회복된 하나님의 형상을 갖도록 하고 사탄을 씻어 냄을 힘쓰라. 많은 이가 그렇듯, 먼저 별것 아닌 그런 은혜를 구하여 찾지 마라. 반면, 이렇게 하라.

첫째, 당신의 심령 안에 있는 그 은혜를 대적하는 죄를 죽이고 복종하도록 힘쓰라.

> … 먼저 옛사람을 벗어 버리고 … 새사람을 입으라(엡 4:22-24).

둘째, 가장 작은 죄에도 반응하는 심령이 되도록 노력하라.
금은 부드럽고 녹아 있을 때 각인하기에 적합하다. 그러므로 어떤 설교를 듣고 심령이 뜨거울 때 부르짖으라.
"주여! 이제 나를 때리시고, 이제 내 위에 주의 형상을 인치소서."
셋째, 주 예수님이 그 영광 중에 계심을 보려고 노력하라.
악인은 세상에서 위대한 자들의 악한 사례들을 보고 이를 입증하려 하며, 악한 행위에서 그들처럼 자라간다.

마찬가지로 그리스도 곧 영광의 위대한 주 안에 있는 영광의 은혜를 바라본다는 것은 그를 이런 형상으로 변하게 한다(고후 3:17, 18). 거울이 태양을 향하게 두면, 다른 검은 물체가 그렇듯 그 광선을 받을 뿐만 아니라 태양의 형상도 받는다. 그리스도를 열린 얼굴로 바라보는 것은 그리스도의 형상과 모습으로 화하게 한다.

현대인들은 최상류층 사람들의 삶만을 바라보고 그들의 걸음걸이를 보며 거기에 안주한다.

오! 더 높은 곳을 바라보라.

곧 그리스도 안에 계신 하나님의 복된 얼굴을 바라보라.

밀랍에 도장을 찍으면 형상이 각인되듯, 그리스도의 은혜를 바라보는 것은 영혼에 강렬하게 동일한 형상을 각인시킨다.

이제 나는 세 번째의 주요 주제에 이르렀다. 여기서 내가 주장하는 바는 로마서 3장 23절이다.

모든 사람이 죄를 범하였으매 하나님의 영광에 이르지 못하더니(롬 3:23).

제3장

인간의 죄와 조건

모든 인간이 죄로 말미암아 자신의 만들어진 영광스런 상태에서 떨어져 가장 불행하고 비참한 상태로 되었다.

1. 죄로 인한 인간의 비참함

뱀을 악용한 마귀, 자신의 자유 의지를 악용한 인간은 죄로 말미암아 아담과 그 안에 있는 모든 후손을 무너뜨렸다(창 3:1-3). 이제 인간의 비참함은 다음 두 가지에서 나타난다.

1) 원죄가 전가된다

살아 있는 모든 인간은 아담의 죄에 대한 죄책(guilty)을 갖고 태어난다. 이제 하나님의 공의와 공평은 이 죄를 모든 인간의 책임(charge)으로 돌리므로(이 죄는 아담의 후손 누구도 개인적으로 범하지 않은 것이지만) 다음과 같이 나타난다.

첫째, 아담이 타락하지 않으므로 모든 인류가 처음과 같이 유지될 수 있었다면, 그의 타락으로 그의 모든 후손은 타락할 수밖에 없었다. 우리의 모든 처지는 이 배에 자신을 내맡긴 셈이었다. 그러므로 만일 아담이 안전한 삶을 살았다면 우리가 그의 유익에 참여한 자가 되었을 것처럼, 우리가 그의 손실에 참여한 자가 됨은 마땅하다.

둘째, 그러나 우리는 모두 아담 안에 있는 존재다. 마치 한 지방 국회의원이 그 지방의 대표와 같기에, 그 지방은 그가 행한 것을 행한다. 비록 우리가 아담을 특별히 선택하여 우리를 위해 대표하게 하지 않았어도, 주님은 우리를 위해 아담이 대표가 되게 하셨다.

주님은 그 자체가 선(善)이신 관계로, 인간에게 더 많은 선한 뜻을 갖고 계신바, 이는 주님이 자신을 위해 지금이나 혹 과거나 그간에 가지고 계시고 가지실 수 있었던 것 이상이다.

주님은 그 자체가 지혜이신 관계로, 가장 현명한 선택을 하시고 또한 가장 현명한 삶을 사셨던바, 이는 인간의 선을 위함이다. 왜냐하면, 이것은 인간의 안전과 안식을 위한 것이기 때문이다.

만일 아담이 넘어지지 않고 그대로 서 있었다면, 우리는 행복을 잃어버릴 모든 두려움은 사라졌을 것이다. 반면, 각 사람이 스스로 서거나 넘어지도록 남겨졌다면, 사람은 항상 넘어질 두려움에 처해 있었을 것이다.

요약하면, 이것이 모든 인간의 상태가 보존되도록 하는 확실한 방법이었다. 아담은 세상에서 항상 누려야 할 모든 인간의 상태에 대한 책임을 지고 있었기에, 그는 더 주의하도록 압박을 받았다. 그래서 자신을 도둑맞지 않도록 더욱 깨어 있으면서, 자신에 대한 수많은 사람의 저주를 없애고 확보해야 했다.

아담은 인류의 머리이며, 모든 인류는 자연적으로 그를 머리로 한 지체다. 만일 머리가 반역을 꾀하려 시도한다면, 머리는 왕 혹은 나라에 반역을 행하는 것이기에, 당연히 온몸도 죄 있는 것으로 드러나서 고통을 당하게 된다.

아담은 모든 인류의 독이 든 뿌리와 웅덩이다. 현재 가지와 냇물이 원천적으로 뿌리와 샘 안에 있는 까닭에, 그것들은 동일하게 중독된 원리로 물들어 있다. 만일 이것들이 해결되지 않는다면, 주님이 오시는 날에 자신의 의로운 절차가 사람들과 천사들 앞에서 드러날 것이다(롬 2:4).

오! 사람들이 이 죄를 고려 한다면, 이런 고려가 사람의 심령을 겸손하게 할 것이다.

누구든지 죄 때문에 신음한다면, 이는 대부분 다른 악한 실제적 죄 때문이다. 하지만 누구도 이 죄 때문에 신음하지 않는다. 이 죄는 언약을 위반했고 하나님과 사람 사이에 논쟁을 야기했다.

다음은 성령에 반하는 죄와 복음을 멸시하는 것으로, 이것은 가장 큰 죄로, 하나님의 귀에 그 보수(報讐)를 가장 크게 부르짖고, 밤낮으로 인간 세상에 대항한다. 왜냐하면, 현재 사람의 죄는 그들의 천하고 낮은 처지에서 하나님을 대적하지만, 이 죄는 그가 가장 교만한 상태에서 여호와를 대적하여 범한 것이기 때문이다.

쓰레기 더미 위에서의 배신자의 반역은 법정에서의 신뢰했던 자의 배신에 비해 크지 않는 법이다. 빛을 대적하는 작은 죄는 두려움을 유발한다. 그러나 아담이 범했던 것만큼 크게 빛을 대적한 것은 아니었다. 이 원죄는 항상 하나님을 분노하게 하는 첫 번째 죄였다.

술 취함은 하나님에게서 '맑은 정신 상태'(sobriety)를 빼앗는 것이요, 매춘은 정조를 빼앗는 것이다. 그러나 원죄는 그 태양을 어둡게 하고, 하나님의 모든 형상, 인간의 영광, 그리고 인간 안에 있는 하나님의 영광을 망가뜨린다. 이것이 우리에게 불행을 안겨 준 원죄이다. 원죄는 두목처럼, 죄악이라는 모든 사병과 벌떼를 다 함께 모았고 그래서 지금 우리를 붙들고 있다.

당신이 그렇게도 불평하는 강퍅한 심령으로 만든 죄를 조사하라.

당신을 널리 짓누르고 있는 지옥 같은 어두움을 조장하는 죄를 조사하라.

이 원죄는 당신을 상대로 사탄, 사망, 심판, 지옥 그리고 천국을 일으켜 세웠다.

오! 이 악 안에 들어 있는 다음과 같은 죄악들을 고려해 보라.

- 마귀처럼 하나님에게서 등을 돌리는 두려운 배도
- 마귀의 편을 들고 하나님을 대적하는 주의 가장 큰 원수의 편이 되어 하나님을 대적하는 무서운 반역
- 하나님의 위협이 사실임을 의심하는 비애스러운 불신
- 자신을 위협하는 하나님보다 마귀의 유혹에 더 진지해지므로 마귀(하나님의 대적이며 인간 살해자)를 인지하는 두려운 신성모독
- 금단의 열매를 먹는 이 죄를 더 높이 올라가는 계단과 사다리로 만들며, 하나님 자신처럼 된다고 생각하는 무서운 자만
- 은밀하게 위협하는 칼을 감히 빼며, 선언된 재앙을 두려워하지 않는 하나님에 대한 두려운 모욕
- 하나님이 그에게 금지하신 한 나무의 열매를 제외하고 모든 것을 주셨건만 그 나무 열매 역시 가지려 하는 무서운 무정함
- 자신의 것이 아님에도 취하려는 무서운 절도
- 항상 찬양받으시는 창조주 하나님보다 더욱 세상의 피조물을 사랑하는 무서운 우상 숭배

그러므로 이제 우리는 어떤 사람도 "검은 것은 당신의 눈이요"라고 말할 수 없다.

당신은 모든 나날 동안 예의 바르게 살았다. 이 슬픈 원죄를 생각하고 이를 충분히 바라보면서도 한 번도 눈물 한 방울 흘려본 적 없이 말이다. 그 죄로 말미암은 당신의 비참함을 보며, 하나님의 오래 참으심에 대해 놀라라. 하나님은 죄로 얼룩진 채 태어난 당신을 용납하셨다.

그리고 당신은 죄에 대한 죄책으로 살아왔다. 만일 주님이 하늘에서 당신을 불쌍히 여기시지 않았다면, 당신은 죄 때문에 영원히 멸망할 것이다. 그러나 여기서 끝이 아니다.

2) 죄 가운데 죽은 자로 태어난다

다음으로 생각할 것은 각 사람이 죄 가운데 온전히 죽은 채 태어난다는 점이다(엡 2:1). 그는 모든 '내적 생명 원리'(inward principle of life)가 텅 빈 상태로, 모든 은혜가 전무한 채로 태어난다. 따라서 죽어 썩은 물고기처럼 그 안에 더 이상의 복을 갖지 못한다(그가 생각하는 것이 무엇이든 그렇다).

그는 마치 사자(死者)가 죽음의 권능 아래 있음같이 죄의 권능 아래 있기에 생명의 행위를 할 수 없다. 그의 육체는 일어났다 눕는 죽은 영혼을 담고 있는 살아 있는 관(coffin)일 뿐이다.

사실상 (고백컨대) 악인들도 선한 행동, 즉 기도, 말씀 듣기, 구제 행위를 한다. 그러나 이런 행위는 어떤 내적 생명 원리로부터 출발하지 않는다. 외적 동기가 마치 죽은 시계의 시계추처럼(물론, 인공적이지만) 그들을 달리게 만든다.

예후가 열심을 냈지만 이는 오직 나라를 얻기 위함이었다. 바리새인들이 행한 구제는 오직 사람들에게 보이도록 하기 위함이었다. 만일 어떤 이가 생명 없는 죽은 자의 손으로 유서를 쓴다면 그것은 법적으로 유효할 수 없다. 이는 그의 유서가 아니다. 그에 의해 곧 그 자신의 내적 생명 원리에 의해 작성된 것이 아닌 까닭이다.

교만은 사람으로 설교하게 만든다. 또 교만은 사람으로 듣게 그리고 때로는 기도하게 만든다. 자아 사랑(self-love)은 사람 안에서 이상한 욕망을 낳는다. 그래서 우리는 말할 수 있다. 즉, 이것은 영혼 내에서 은혜로 인한 하나님의 행위가 아니라 교만과 자아 사랑의 행위다.

죽은 자를 불 옆에 두고 손으로 비비고 문질러 보아라. 그러면 그 자에게 행한 외적인 일 때문에 그의 몸에서 어떤 열을 낼 수 있을 것이다. 하지만 불에서 그를 떼어 놓으면 그는 즉시 차가워진다. 마찬가지로 많은 사람이 건전한 목사 밑에서 꾸짖고 번민하는 양심의 채찍과 두드림 아래 살아간다. 그리고 그들 안에 어떤 열기, 어떤 감정, 어떤 두려움, 어떤 욕망, 어떤 슬픔이 솟구친다.

하지만 그가 그 목사에게서 그리고 자신의 꾸짖는 양심에서 벗어나게 해 보라. 그러면 그는 다시금 곧 차가워진다. 내적 생명 원리가 없기 때문이다. 이런 점이 우리로 하여금 모든 육적 인간에 대한 비통한 탄식을 하게 만들 수 있다. 성경은 말한다.

> 애굽에 큰 부르짖음이 있었으니 이는 그 나라에 죽임을 당하지 아니한 집이 하나도 없었음이었더라(출 12:30).

오, 주여!
성읍과 가정 안에 이런 세상이 있나이다!
죽은 남편, 죽은 아내, 죽은 종들, 죽은 아이들이 수의(壽衣)를 두른 채 (마치 기근이 죽음을 뒤따르는 것과 같다) 자신들의 죄로 일어나고 앉으며 살아간다. 그들이 다시 살 수 있을 것인지 아닌지는 오직 하나님만이 아신다.
사람들은 죽은 친구의 상실을 얼마나 슬퍼하는가!
오! 당신은 자신의 온전히 죽은 품 속에 귀한 영혼을 갖고 있다.
그러므로 당신의 처지를 슬퍼하고 이를 진지하게 숙고하라.

첫째, 죽은 자는 일어날 수도 일어날 기운도 없다. 악인은 한마디 선한 말도 할 수 없고 어떤 선한 행위도 할 수 없다. 설령 하늘이 스스로 이를 행하기 위해 말뚝 위에 누워도 그러하다. 또한, 그는 자신의 죄를 떨쳐 버릴 수 없으며 어떤 선한 생각도 할 수 없다.

진정코 그는 선한 것을 말하고 생각할 수 있으되 선한 말을 하고 선한 생각을 가질 수는 없다. 마치 거룩한 사람이 악한 것들을 만세의 죄로 생각할 수 있으되, 그런 악한 것들에 대한 생각은 선하며 악하지 않다. 그 반대도 마찬가지다.

둘째, 죽은 자는 어떤 위험도 두려워하지 않는다. 설령 그것이 제아무리 클지라도, 그리고 그것이 제아무리 가깝게 있을지라도 말이다. 목사가 육적인 사람에게 하나님의 삼킬듯한 재앙이 가깝다는 소식을 전해도 그는 겁내지 않는다.

셋째, 죽은 자는 가장 거룩한 제안을 받아들일 욕구가 그 안에 없다. 그리스도께서 하늘에서 오셔서 육적 인간 옆에 계셨다. 그리고 주의 눈의 눈물로 그로 하여금 자신의 피, 주님 자신, 주의 나라를 취하게 하시고, 그의 죄에서 떠나라 간구하신다. 하지만 그는 이 제안을 결코 받아들일 수 없다.

넷째, 죽은 자는 온전히 눈먼 자이다. 그래서 아무것도 보지 못한다. 그는 온전히 귀먹은 자이다. 그래서 아무것도 듣지 못한다. 그는 어떤 것도 맛보지 못한다. 마찬가지로 육적 인간도 완전히 눈이 먼 상태이다. 그래서 하나님도, 그리스도도, 전능자의 진노도, 하늘의 영광도 보지 못한다. 그는 사람의 목소리만 들을 뿐 설교 중 하나님의 음성을 듣지 못한다. 그는 "하나님의 성령의 일을 받지 아니한다"(고전 2:14).

다섯째, 죽은 자는 무감각하다. 그래서 아무것도 느끼지 못한다. 그래서 악인 위에 산 같은 죄를 던져도 그는 지옥의 불꽃이 그를 사를 때까지 어떤 아픔도 느끼지 못한다.

여섯째, 죽은 자는 말이 없다. 따라서 앵무새처럼 되지 않는 한 말할 수 없다. 그는 숨이 끊어진 자이다. 육적 인간은 기도할 수 있고, 혹은 자신의 기억력과 이해력으로 기도를 고안할 수 있고, 혹은 약간의 간략한 소원도 가질 수 있다. 그러나 기도 가운데, 하나님의 품속에서 말할 수 없는 탄식으로 영혼을 쏟아낼 수는 없다. 많은 가정이 가족 기도가 없음을 보는 것은 이상한 일이 아니다. 그들은 죽은 자들이요, 죄 가운데 썩어져 가는 자들이기 때문이다.

일곱째, 죽은 자는 모든 아름다움을 잃어버렸다. 마찬가지로 육적 인간도 모든 영광을 잃었다. 그는 하나님, 선한 인간, 그리고 천사의 면전에서 추한 피조물일 뿐이다. 어느 날 모든 육체가 혐오하게 될 것이다.

여덟째, 죽은 자에게는 자신을 갉아먹는 벌레가 있다. 따라서 육적 인간 안에서 양심의 벌레가 지금 자라고 있으니 곧 그를 갉아먹을 것이다.

아홉째, 죽은 자는 무덤에 던져질 뿐이다. 그러니 육적 인간 역시 지옥에 던져질 뿐 그에게 남은 것은 없다. 아브라함은 사라가 살아 있을 때 참으로 사랑했다. 하지만 그녀가 죽자 그녀를 자신의 면전에서 옮겨 장사할 곳을 찾았다.

마찬가지로 하나님은 어떤 두려운 심판을 풀어 놓고 이렇게 말씀하실 것이다.

"이 죽은 자를 내 면전에서 치우라."

나사로가 무덤에서 나흘을 누워 있었음에도 다시 살아남은 기적이었다.

오! 참으로 하나님이 죄 가운데 20년, 30년, 혹은 60년간 썩어져 가는 중인 당신을 살리려 하실지를 자문하라.

3) 죄로 충만하게 태어난다(롬 1:29)

두꺼비가 독으로 충만하듯, 육적 인간의 피부도 독을 가득 담고 있다. 생각, 의지, 눈, 입, 육체의 모든 사지, 그리고 영혼의 모든 조각이 죄로 충만하다. 그의 심령은 죄의 다발이다. 솔로몬은 이렇게 말했다.

> 아이의 마음에는 미련한 것이 얽혔으니(잠 22:15).

곧 그의 심령은 죄악의 전유물이다.

> 선한 사람은 그 쌓은 선에서 선한 것을 내고 악한 사람은 그 쌓은 악에서 악한 것을 내느니라(마 12:35).

그리스도께서 말씀하신다.

> 혀는 곧 불이요 불의의 세계라(약 3:6).

그렇다면 그 마음은 무엇인가?

> 마음에 가득한 것을 입으로 말함이라(마 12:34).

그러니 당신을 돌아보고 드러난 어떤 죄이든지 마음으로부터 흘러나와 온 세상을 살아가는 중에 그의 삶 속으로 흘러가는지를 보라.
그래서 모든 죄가 당신의 마음에 있음을 알라.
당신의 생각은 모든 악한 견해, 이단의 둥지다. 그리고 이런 것들은 사람들이 발산하는 것이다. 마음은 모든 무신론, 동성애, 신성모독, 살인, 음행, 간음, 사술, 수간의 악한 시궁창이다. 따라서 당신이 자신 안에 어떤 선한 것을 가지고 있다면, 독 묻은 사발 속 한 방울의 장미 향수에 불과하다. 그 한 방울의 장미 향수가 사발에 떨어지면 전적으로 썩는다.
당신이 자신 안에 일어나는 이런 것들을 느끼지 못하는 시기가 있다는 것은 사실이다. 이는 하사엘의 생각과 다르지 않다. 그는 선지자 엘리사에게 이렇게 말했다.

> 개 같은 종이 무엇이관대 이런 큰 일을 행하오리이까(왕하 8:13).

하지만 그는 이때 자신이 바로 흡혈귀였음을 생각했다(왕하 8:7-15).

이런 것들이 당신 안에 있어 마치 오래된 울타리 안의 뱀 둥지와 같다. 비록 이런 것들이 당신의 삶 안에 뚫고 들어오지 않더라도 당신의 마음속에 숨어 있다.

이것이 통 속에 담겨 있는 더러운 진흙과 같으나 흐르지 않음은 당신이 다행히도 자신의 마음을 꺼내어 두들겨 보는 유혹과 경우(temptation and occasion)를 갖지 않기 때문이다. 혹은 두려움, 부끄러움, 교육, 그리고 좋은 동료로 말미암은 하나님의 억제하는 은혜 때문에 당신이 자제하고 억누르기 때문이다.

그래서 누군가가 일곱 해의 공포와 슬픈 양심의 가책으로 말미암아 하나님의 공의에 대한 유명한 사진, 모습, 기념품으로 위로할 때, 또한 어떤 자가 와서 말하기를, 그가 므낫세와 같은 그런 죄를 짓지 않았으니 따라서 자신이 생각하듯 창세 이래로 가장 큰 죄인이 아니라고 한 때, 그는 자신이 므낫세와 같은 시대에 살았고 왕좌에 있었다면 므낫세보다 더 나쁜 자였을 것이라고 대답한다.

브래드포드(Bradford) 씨는 한 눈으로는 어떤 방탕한 삶도 놓치지 않으려 했다. 하지만 또 다른 눈으로는 곧장 자신의 마음을 살피고 말했다.

> 내 악한 마음 안에도 그 죄가 있으니 하나님의 특별한 은혜가 없다면 나 역시 그 같은 죄를 범했으리라.

이것이 인간의 교만한 자만심을 낮춘다. 특히, 안락하고 정직하며 시민다운 삶을 산다고 스스로 힘내고 위로하는 자들에게 그러하다. 교육을 통해 모든 악한 죄가 씻길 수 있다고 보며, 그래서 그들이 결코 음행, 욕지거리, 술 취함이나 부정함으로 더럽혀지지 않았고, 그래서 스스로 안전하다 간주하여 하나님은 그 마음에 그들을 정죄할 생각을 가지실 수 없다고 생각한다.

오! 이 점을 생각하라.

즉, 이것이 당신으로 머리에서 머리카락을 쥐어뜯게 할 것이요, 굵은 베옷을 입게 할 것이며, 그 얼굴에 놀람과 창백함으로 오르락내리락 달릴 것이며, 그 눈에 눈물이 가득하게 할 것이다.

당신의 삶이 안락할지라도, 당신의 겉모습에도 불구하고, 당신의 무덤은 무엇으로 회칠될 것인가?

오! 당신이 그 안에 썩어짐과 죄로 충만하도다.

당신 삶의 죄가 지금의 당신을 만든 것처럼, 오늘날 온 세상에 차고 넘치는 모든 죄의 죄책이 사람들 앞이 아닌 하나님 앞에 있다. 이는 하나님이 마음을 보시기 때문이다. 그러므로 당신은 마음의 매춘, 마음의 남색, 마음의 신성모독, 마음의 술 취함, 마음의 수간, 마음의 강제, 마음의 우상 숭배에 대한 죄가 있다. 그리고 이런 죄는 당신을 향한 전능자 하나님의 진노를 공포스럽게 불러일으킨다.

> 그의 탐심의 죄악으로 말미암아 내가 노하여 그를 쳤으며(사 57:17).

히브리어 원문의 뜻이 더 좋다.

> 그의 정욕(concupiscence)의 죄악으로 (이는 그의 마음과 본성의 죄이다) 말미암아 내가 노하여 그를 쳤으며.

왕이 반역자에 진노하여 그를 대항해 군대를 모을 때, 그 왕은 자신의 군인들로 전투에 나아가게 할 뿐 아니라, 또한 전투 준비를 위해 그들로 참호에 있도록 한다.

당신 마음속에 있는 이런 죄는 어떤 유혹의 암호 혹은 경고 소리에 하나님을 대적하여 싸우려고 무장하여 이미 만반이 준비된 상태이다. 그렇다. 나는 이를 확신하며 증거한다. 즉, 이런 죄가 하나님의 진노를 불러 일으키고 당신 삶의 죄만큼이나 나쁘다. 물론, 더 악하지는 않더라도 그렇다. 왜냐하면, 이런 이유 때문이다.

첫째, 당신의 마음 혹은 본성의 죄는 당신 삶 가운데 있는 쓰레기 같은 모든 죄, 군대 같은 모든 죄를 담고 키우고 드러내고 젖 먹이는 원인 곧 자궁이다. 그러므로 다른 모두에게 '생명의 수여와 그 존재'(life-giving and being)가 되는 것, 이는 가장 큰 죄이다.

둘째, 죄는 삶에서보다도 마음 안에 더 풍성하다. 어떤 실제적 죄는 당신의 마음 가운데 있는 죄의 바다 때문에 만들어진 작은 위반일 뿐이다. 당신 마음은 모든 죄, 곧 모든 독이 함께 만나고 섞이는 곳이다. 모든 실제적 죄는 마음 안에 있는 죄의 큰 심연에서부터 깨어져 나온 한 단편일 뿐이다.

그래서 그리스도는 말씀하신다.

> 선한 사람은 마음에 쌓은(measure) 선에서 선을 내고 악한 자는 그 쌓은 악에서 악을 내나니 이는 마음에 가득한 것을 입으로 말함이니라(눅 6:45).

돈을 쓰는 사람은(삶에서의 죄를 뜻한다) 마음 안에 있는 쌓은 죄의 보물에 비하면 아무것도 아니다.

셋째, 죄는 심령 안에서 계속적으로 존재한다. 삶에서의 실제적 죄는 섬광처럼 날아가서 사라진다. 그러나 이 죄는 항상 심령 안에서 자라난다. 두꺼비는 때로는 독을 내뱉지만 항상 독성을 가지고 있는 것과 같다. 그래서 사도는 이를 "내 속에 거하는 죄"(롬 7:17)라고 부른다. 즉, 죄가 항상 내 속에서 누워 머물기 때문이다. 자신의 심령의 죄 때문에 당신은 다음과 같은 것들을 갈기갈기 찢고 부순다.

하나님의 모든 율법을 갈기갈기 찢고 부순다.

단 한 번의 손바닥으로 갈기갈기 찢고 부순다.

당신 삶의 모든 순간을 갈기갈기 찢고 부순다.

내가 무엇을 하든 간에 항상 하나님을 슬프게 만든다고 생각하는 이 생각이 바위 같은 마음을 갈기갈기 찢을 것이다.

넷째, 실제 죄는 오직 삶 가운데 그리고 바깥 현관에 있다. 반면, 마음의 죄는 집 내실에 있다. 도시 안의 한 대적이 도시 밖의 많은 대적보다 더 나쁘다. 보좌에 앉은 반역자가 들판의 반역자보다 더 나쁘다. 마음은 그리스도의 보좌이다. 최고급 시설 방 안의 돼지는 외양간의 돼지보다 더 나쁘다. 더 말할 수 있겠지만, 알다시피, 삶의 죄는 그렇게 나쁘지 않으며, 마음의 죄와는 달리 당신 자신을 향한 하나님의 극렬한 진노를 불러일으키지 않는다.

그러므로 당신이 남들처럼 그렇게 나쁘지 않았음에 비추어 너무 탄식하지 말고 대신 당신의 검은 발을 바라보라.

당신 자신의 심령 안을 바라보라.

그리고 탄식하라. 거기에 있는 당신의 죄 때문에 당신이 누구 못지 않게 나쁘다는 것을 보면서 말이다.

당신이 죄를 범했다는 것만으로 그처럼 많이 탄식하지 마라. 당신은 죄 된 본성을 가지고 있으니, 교만한 것이 당신의 본성이요, 헛되고 기만적인 것이 당신의 본성이다.

그리고 당신의 죄를 미워할 뿐만 아니라 당신의 죄, 차고 넘치는 불의 때문에 당신 자신을 미워하라.

그러나 여기가 끝이 아니다. 다음 네 번째를 생각하라.

4) 육적 인간이 하는 것은 무엇이든 죄라는 점

사람의 내면이 죄로 충만하다면 외면 역시 죄일 뿐이다. 비록 눈멀고 죄 된 인간의 면전에서는 아니더라도 적어도 거룩하신 하나님 면전에서는 그렇다. 참으로 그는 그 자체로는 선한 많은 것을 할 수 있다. 그는 구제하고, 기도하고, 금식하고, 교회에 다닐 수 있다.

그러나 그 일들이 그에게서 나온 것이기에 그것들은 죄이다. 사람은 선한 말을 할 수 있지만, 우리는 그가 말하는 것 듣기를 참지 못한다. 왜냐하면, 그의 입 냄새가 그 말을 더럽히기 때문이다.

어떤 행위들은 참으로 그것의 일반적인 본성상 무차별적(indifferent)이다. 왜냐하면, 모든 무차별은 일반적인 것 안에 있기 때문이다. 그러나 시간, 장소, 동기, 목적 같은 모든 환경과의 관계에서, 모든 의도된 행위가 '개별적으로'(in individuo) 고려될 때 그것은 도덕적으로 좋거나 혹은 도덕적으로 나쁠 뿐이며, 이는 쉽게 증명될 수 있는 바이다. 선한 사람 안의 도덕적 선함, 그리고 중생되지 못한 나쁜 사람 안의 도덕적 악함이 그것이다.

악인들의 행위들을 살펴보자.

첫째, 그들의 생각은 오직 악할 뿐이요 또한 계속적으로 그렇다(창 6:5).

둘째, 그들의 말은 다 죄이다(시 50:16). 그들의 입은 열린 무덤이니 무덤이 열리면 더러운 냄새가 난다.

셋째, 그들의 예의 바른 행위들 역시 죄이니, 그들의 먹고, 마시고, 사고, 팔고, 잠자고 또한 밭갈이하는 모든 것이 그렇다.

넷째, 그들의 모든 종교적 행위 역시 죄이니, 교회를 다니는 것, 기도하는 것(잠 15:8-9; 28:9), 금식하고 탄식하는 것이 그렇다. 심판날까지 당신 스스로 고함치고 우는 것, 그것들도 죄이다.

다섯째, 그들 열심을 내는 모든 행위도 죄이다. 이는 바알의 모든 제사장을 죽였던 예후와 같다. 그의 행위는 외양상 그리고 실제상 선했기 때문이었고, 그래서 하나님은 그를 잠시 은혜로 보답하셨다. 그러나 그가 이런 수단을 통해 자신의 나라를 얻고 세우고자 하는 매의 눈을 가졌기에 신학적으로는 악했다. 그러므로 하나님은 그에게 복수하겠다고 위협하셨다(호 1:4).

여섯째, 그들의 지혜도 죄이다. 사람들은 때로 그 지혜, 재치, 그리고 재능 때문에 찬송을 받는다. 그러나 그런 재치와 그들의 지혜는 죄이다 (롬 8장). 육신의 지혜는 하나님에 대한 원수이다.

악인들이 가지고 있거나 행하는 모든 것이 죄이다. 그 인격이 더러운데 어떻게 그가 어떤 선한 행위를 할 수 있단 말인가.

> 못된 나무가 아름다운 열매를 맺을 수 없느니라(마 7:18).

당신은 그리스도 밖에 있다. 그러므로 주께 그리고 주님을 위해 행해진 당신의 모든 선한 것, 당신의 모든 친절한 행위는 당신의 생각일 뿐, 주께는 가장 냄새나는 악취일 뿐이다. 어떤 여인이 자신의 모든 만족을 남편에게 주려 하는데, 그것이 그에 대한 사랑에서가 아니라 다른 남자에 대한 사랑에서 나온 것이라면, 그는 그녀가 행한 모든 것을 혐오할 것이다.

모든 사악한 인간은 하나님과 그리스도에 대한 사랑의 내적 원리가 없다. 그러므로 그가 하나님을 영화롭게 하려 해도 결코 그럴 수 없다. 그가 행한 모든 것이 자신에 대한 사랑에서 행해진 것이기 때문에 하나님은 그의 행한 모든 것을 미워하신다.

사악한 인간이 행한 모든 선한 것은 자신을 위한 것, 즉 자신의 신용, 혹은 자신의 편안, 혹은 자신의 만족, 혹은 자신의 안전을 위함이다. 그가 자고, 기도하고, 듣고, 말하고, 신앙고백을 하는 것은 자기 자신만을 위함이다.

따라서 항상 자신만을 위한 행동으로 말미암아 그는 최상의 우상 숭배의 죄를 범하는 셈이다. 그는 하나님을 보좌로부터 축출한 후 자신이 신이 된다. 왜냐하면, 그 자신이 모든 행위의 최종 목적이 되기 때문이다. 사람이 자신을 하나님의 자리에 두는 것은 자기 스스로를 '궁극적 목적'(*finis ultimus*)으로 만들기 때문이다. 마치 자신 스스로가 제1원리(*primum principium*)가 되는 것인 양 그러하다.

죄는 하나님을 저버림 혹은 하나님으로부터 떠남이다. 이제 모든 육적 인간은 항상 하나님으로부터 분리된 상태에 있으니, 이는 연합의 끈이 없는 까닭이다. 이 연합의 끈이 믿음이요 이것이 없으면 범죄함이다. 하나님의 저주는 그 위에 임한다. 그러므로 그는 오직 가시와 엉겅퀴를 낼 뿐이다.

[반대]

그렇지만 당신은 말할 것이다.

"만일 우리의 기도와 말씀 들음이 죄라면, 왜 우리는 이런 의무를 행해야 하는가?

우리는 죄를 짓지 말아야 한다."

[대답 1]

선한 의무는 그 자체로 좋다. 하지만 당신의 악한 마음에서 나오기 때문에 그것은 죄이다.

[대답 2]

의무를 행하지 않음보다 행하는 것이 더 작은 죄이다.

그러므로 당신이 지옥에 가길 원한다면 할 수 있는 한 그곳을 향해 가장 좋은 길로 가라.

[대답 3]

한번 행하여 보라. 아마 하나님이 들으실 것이다. 이는 당신의 기도 때문이 아니라 하나님의 이름 때문이다.

불의한 재판관이 가난한 과부를 도왔음은 그가 그녀의 청원을 좋아해서가 아니라 그녀의 성가심 때문이었다. 마찬가지로 확신할 것은 당신이 비록 구했을지라도 도루묵일 수 있다는 것이다. 비록 당신이 개에 불과할지라도, 살아 있기에 당장에 식탁 밑에 있음이다.

그리스도를 붙잡지 말며 그분의 양식을 낚아채지 마라.

대신 하나님이 당신에게 주님을 주실 때까지 기다리라.

아마도 어느 날 당신은 그분을 가질 것이다.

오! 그렇다면 하나님의 오래 참으심을 놀라워하라.

온 생애 동안 더러운 두꺼비처럼 하나님의 면전에서 독을 뿜는 것 같은 당신이 하루를 더 살게 됨은 하나님이 당신에 대해 잠잠하지 않으셨기 때문이다.

오! 회계(會計)하는 큰 날에 당신을 기소할 검은 장부를 보라.

그날에 당신은 자신의 귀 주위에서의 화염 가운데 답해야 하리니, 이는 당신의 술 취함, 당신의 피의 맹세와 음행뿐만 아니라 당신의 짧은 삶 가운데서 행한 모든 행위로 인함이니, 그렇게 많은 행위만큼이나 그렇게 많은 죄 때문이다.

당신은 자신의 얼굴을 선한 의무들과 선한 욕망들로 회칠했다. 어떤 자들 가운데서의 작은 정직은 드물지만 가치가 있어, 그들은 하나님이 자신들에게서 선한 행위를 얻을 수 있다면 하나님이 자신들을 바라보고 있으리라 스스로 생각한다.

그러나 당신의 회칠한 얼굴이 하나님의 진노의 불 앞에 나타날 때 당신의 악함이 사람들과 천사들 앞에 드러날 것이다.

오! 당신은 죄밖에는 짓지 않았음을 알라.

그러니 하나님은 두려운 진노의 날을 대비해 진노를 쌓으신다.

2. 죄의 결과로 인한 인간의 현재 비참함

이상에서 본 것처럼, 죄로 인한 인간의 비참함은 많다. 이제 죄를 뒤따르는 그 결과 혹은 비참한 것들로 인한 인간의 비참함이 따른다. 현재의 비참함은 죄 때문에 이미 인간 위에 임했으며 일곱 가지가 있다.

1) 하나님이 그들의 두려운 대적이다 (시 5:5)

[질문]
사람은 어떻게 남들이 자신의 대적임을 아는가?

[대답]
사람들은 그들의 외적 모습과 위협 그리고 일격을 통해 그들이 자신의 대적임을 알 수 있다. 마찬가지로 하나님도 다음과 같이 자신이 인간의 적이 되심을 알리신다.

첫째, 모든 육적 인간으로부터 자기의 얼굴을 가리시고 그를 바라보지 않으신다 (사 59:2).
둘째, 모든 육적 인간을 위협, 곧 저주하신다 (갈 3:10).
셋째, 그들의 영혼과 육신에 피가 나도록 채찍질을 가하신다.

그러므로 하나님이 당신의 외형상 처지에 따라 복을 주신다고 나에게 말하지 마라.
주님이 당신을 흔드시는 것보다 더한 하나님의 진노의 징표는 없으니, 마치 어떤 아버지가 가망성 없는 아들을 돌보지 않고 자기 좋을 대로 가게 놔두는 것과 같다. 만일 하나님이 당신의 대적이시라면 천지의 모든 피조물도 역시 그러하다.

2) 하나님은 그들을 저버리고 그들은 하나님을 잃어버린다 (엡 2:12)

사마리아에 큰 기근이 일자 비둘기 똥도 높은 가격에 팔렸다고 성경은 말한다. 사람들이 빵을 원했기 때문이다.

오! 사람들은 살지만 하나님이 없음으로 양식이 없음으로 수척해졌다!

그러므로 당신에게 세상적 만족을 주는 배설물이 그처럼 가치 있다면, 당신은 하나님의 얼굴, 하나님의 은혜, 그리고 하나님의 특별한 보호와 하나님의 통치를 잃어버린 자이다. 가인의 벌이 육적 상태 가운데 있는 당신 위에 임한다. 당신은 하나님의 면전에서의 도망자요 그의 얼굴에서 가려진 자이다.

많은 사람이 자신의 집이 불타고 자신의 모든 재물을 잃으면 미칠 지경이 된다.

오! 그러나 가장 큰 재물인 하나님을 잃어버렸도다!

이 상실이 사울로 양심의 슬픔 가운데서 울부짖게 만들었으니(삼상 28:15), "블레셋이 나를 대적하여 싸움을 걸고 하나님이 나에게서 떠났도다"라고 말한다.

주 예수 그리스도는 오직 잠시 동안이지만, 하나님의 임재의 감미로움을 상실했기 때문에 부르짖으셨다.

> 나의 하나님, 나의 하나님, 어찌하여 나를 버리셨나이까?(마 27:46).

반면, 당신은 당신의 모든 생애 동안에 하나님을 잃어버렸다.

놋쇠의 심령을 가진 당신은 오랫동안 주님의 부재를 탄식할 수 없다.

지옥의 저주받은 자는 하나님을 잃어버렸으나 이제서야 이를 알며 그래서 절망적인 공포의 재앙이 그들에게 임한다. 당신이 여기서 하나님을 잃어버렸거늘 이를 알지 못하면 강퍅한 심령에 대한 재앙이 당신 위에 임할 것이요, 당신은 이 상실조차도 탄식할 수 없을 것이다.

3) 그들은 정죄받은 자들이다

그들은 하나님의 공의의 법정에서 정죄받는다. 율법이 당신을 향해 "반역자, 지고하신 하나님에 대적하는 반역자"라고 외친다. 또한, 긍휼의 법정에서 정죄받는다. 복음이 "살인자, 하나님의 아들에 대한 살인자"라 외친다(요 3:18). 그래서 모든 육적 인간은 하늘에서 저주받고 땅에서도 저주받는다.

하나님은 당신의 모든 것을 보시는 두려운 재판관이시다. 양심은 당신의 참소자요 가혹한 증인이다. 이 세상은 당신의 감옥인바, 당신의 정욕이 당신의 쇠사슬이다. 성경에는 당신의 어두운 종말, 당신의 선고가 선언되어 있고 쐬어 있다.

죽음은 당신의 교수 집행자요, 그 불은 당신의 고통 밖으로 나가지 않을 것이다. 주님은 무궁한 오래 참으심으로 당신에 대한 그 집행을 한동안 연기하셨다.

오! 그러니 집행의 날이 오기 전에 유의하여 용서함을 얻으라.

4) 정죄받은 자는 하나님을 간수로 여기라

정죄받은 자는 사탄의 종이다(엡 2:3). 그리스도의 말씀처럼, 당신은 사탄에 복종하는 종이다. 이제 모든 육적 인간은 마귀의 고역(苦役)을 행하며 마귀의 짐을 진다. 그가 마귀를 경멸한다고 말할지라도, 그는 죄를 범하고 마귀의 일을 행할 뿐이다. 사탄은 아담 안의 모든 인간을 이기고 정복했다. 그러므로 그들은 사탄의 속박과 통치 아래 있다.

비록 사탄이 사람으로 자신의 뜻에 반해 죄를 범하도록 강요할 수는 없으나 다음과 같은 능력을 갖는다.

첫째, 죄 된 시험을 통해 인간의 마음을 나타내고 미혹하는 능력이다.

둘째, 그 죄로 인간이 자기를 따르게 하는 능력이다. 처음에는 사람이 죄를 약간은 부끄러워해도 그렇다.

셋째, 인간이 따르려고 하지 않으면 그를 불안하게 하고 괴롭힌다. 이는 많은 경우에 나타나게 될 것이다.

넷째, 게다가 사탄은 인간의 기질을 아는바, 마치 가난하게 떠도는 거지같은 신사들이 도움을 필요로 하는 친구들에게 하듯, 사탄은 (외양상으로는 매우 공손함으로) 그런 자들을 방문하고 그들에게 자신의 힘을 쏟아 자신의 소유로 그들을 얻는다. 그들은 사탄의 지배 아래 두려운 노예 상태에 있다.

사탄은 이런 존재이다.

첫째, 사탄은 당신에게 비밀스런 대적이다.

둘째, 당신에게 기만적인 대적으로, 이는 사람으로 자신의 조건이 비참함에도 자신이 괜찮은 상태에 있다고 믿게 만든다. 마치 사탄이 순전한 상태의 하와에게 행했던 것과 같다.

셋째, 자신의 종이 되는 자들 위에 군림하는 잔혹한 대적 혹은 주인이 되어(고후 4:3) 그들을 속임으로 그들은 기도 가운데 하나님을 위해서 또 하나님께 말할 수 없게 된다. 마치 말 못하게 하는 귀신이 들린 자처럼 그러하다. 그는 사람들을 굶기므로 설교는 절대로 그들에게 유익이 되지 않는다. 그는 그들이 하나님의 율례 가운데서 얻는 모든 것을 빼앗는 바, 시장을 본 후 세 시간 안에 설교는 머릿속에서 지워지고 없다.

넷째, 그는 강한 대적이다(눅 11:21). 그래서 지옥의 모든 마귀가 사람들로 그들 죄 가운데서 벗어나는 것을 막을 수 있다면, 사탄은 그리 할 것이다. 너무 강한 대적이기에, 사탄은 사람들로 그들 자신의 짐과 속박 아래 신음하고 탄식하는 것조차 막는다. 강한 자가 왕국을 지키면 그의 재물은 안전한 법이다.

5) 정죄받은 자들은 칠흑 같은 흑암으로 내던져진다

잔인한 간수는 자신의 죄수들을 최악의 배설통에 집어넣듯 사탄은 육적 인간들에게 그리한다(고후 4:3-4). 그래서 그들은 하나님도 그리스도도 보지 못한다. 그들은 빛 가운데 있는 성도들의 행복을 보지 못하며, 또한 현재 은혜의 날에 자신들을 깨우고 겸손하게 하는 그런 무서운 고문도 보지 못한다. 하나님에게서 벗어난 수천만 명의 샛길 인생인 그들은 자신이 어디로 잘못 가고 있는지 자신의 발을 비추일 등잔을 갖지 못하고 있다.

육적 상태에 있는 자들은 눈먼 자로 태어났고, 마귀는 그들의 눈을 죄로 가렸으며, 공의 가운데 계신 하나님은 그들을 죄 때문에 더욱 눈멀게 하셨다. 그래서 그들은 지옥의 한 모퉁이에 있다. 그들은 칠흑 같은 어두움 가운데 있기 때문이다. 그곳에서 당신은 구원받는 진리에 대한 일별도 갖지 못한다.

6) 그들은 이런 처지 가운데서 손발이 묶여 있고 그래서 나올 수 없으니(롬 5:6; 고전 2:14), 이는 모든 종류의 죄가 쇠사슬처럼 사람의 모든 재능과 기능을 묶어 버렸기 때문이다

비록 그가 움직일 수 있다고 확신해도 그 죄는 그 안에서 너무 강하며, 자신의 지체인 양, 자신의 생명인 양 사랑스럽기까지 하다. 따라서 사람이 자신의 악한 삶을 버리기 시작하고 새사람이 되기로 뜻을 세우면, 마귀들은 그를 다시 데려오고 세상은 그를 유혹하고 그를 붙들어 맨다. 그래서 육신은 말한다.

"오! 이는 너무 좁은 길이구나."

그다음에는 즐거운 나날과 좋은 교제는 이제 '안녕'이다.

오! 당신이 한동안은 나오려고 원하고 바랄 수 있으나 당신의 욕구에 힘을 줄 수 없고 이를 참고 행할 수 없다.

당신은 죄 때문에 갈대처럼 머리를 수그릴 수 있으나 죄를 회개할 수는 없다. 당신은 젠체할 수 있으나 믿을 수는 없다. 당신은 반쯤은 나올 수 있고, 어떤 죄는 저버릴 수 있으나 모든 죄는 아니다.

당신은 미련한 처녀들처럼 하늘 문에 이르러 두드릴 수 있으되 문 안으로 들어가거나 문을 통과할 수는 없다. 당신은 가나안 땅을 볼 수 있고, 가나안에 들어가기 위해 많은 수고를 할 수 있으며 그 좋은 땅의 포도를 맛볼 수는 있으나 결코 가나안에, 천국에 들어가지 못한다.

이런 저주스런 처지에서 손발이 묶인 당신은 여기 무덤 안에서 죽은 송장처럼 누워 썩어야 한다. 주님이 오셔서 돌을 굴려 보내 당신에게 "나와서 살라"고 명하시기 전까지 그렇다.

7) 그들은 매 순간 지옥으로 떨어지려 한다

하나님은 당신을 태울 소멸하는 불이시다. 당신의 영혼과 영원한 불길 사이에는 당신의 육신이라는 오직 하나의 종이벽이 있을 뿐이다.

하나님이 당신의 숨을 곧 끊으시리라!

당신과 지옥 사이에는 아무것도 없다.

그렇다면 모든 것에 안녕을 고하라.

당신은 정죄받았고, 소음기는 당신 눈앞에 있다. 하나님은 얼마나 빨리 사다리가 바뀔 것인지를 아신다. 당신은 매 시간 지옥의 화염 위에서 오직 당신 생명의 썩은 동아줄에 매달려 있을 뿐이다.

이처럼 인간의 현재 비참함은 수도 없이 많다.

3. 죄로 인한 미래의 비참함

이제 미래에 인간에게 임할 비참함을 다루고자 한다.

1) 인간들은 갑자기 음산하고 절망적인 죽음으로 죽는다 (시 89:48)

이 죽음이 비록 하나님의 자녀에게는 감미로운 잠에 불과하지만, 악인에게는 하나님의 진노에서 발진하는 두려운 저주다. 왜냐하면, 하나님은 사자처럼 육체와 영혼을 갈기갈기 찢을 것이기 때문이다. 죽음은 사람에게 두려운 뱀처럼 그 입에 복수의 침을 가지고 온다.

그러면 죽음은 모든 세상의 만족에 마침표를 찍을 것이요, 아무것도 가져갈 수 없고 오직 썩은 묶는 끈뿐이다. 이 만족은 그들이 이 세상에서 버려야 했던 것이다. 이는 그들의 모든 화(禍)의 시작이며, 첫 일격을 가한 대장이며, 그 후에는 끝없는 화의 군대가 뒤따른다(계 6:2).

오! 당신은 사람보다는 두꺼비 혹은 개가 차라리 나았으리라!

그것들은 죽고 사라지면 수고의 끝은 있으니까 말이다. 그것들은 사람처럼 가파른 언덕에서 떨어지지 않으며, 어디로 떨어지는지도 알지 못한다.

이제 회개는 너무 늦다. 특히, 당신이 이전에 그런 수단으로 살았다면 그 회개는 육신이 약하고 마음이 병들 때의 차가운 회개이거나, 오직 지옥이 두려워서 하는 위선적 회개에 불과하다.

그래서 당신은 이렇게 말한다.

"주 예수여! 내 영혼을 받아 주소서."

그때 상식적으로 사람들의 마음은 너무 강퍅하기에 어린양처럼 죽으며 부르짖지 않는다. 그래서 영혼을 마귀의 손에서 빼앗는 것은 어렵다. 왜냐하면, 당신은 죄 때문에 당신의 모든 생명을 그에게 주었기 때문이다.

당신이 이를 다시 얻으려 할 때 하나님이 마귀의 허락을 얻으리라 생각하는가?

이제 당신의 날은 지났고, 어둠이 당신의 영혼에 넓게 퍼지기 시작한다. 이제 마귀의 무리가 당신의 방 앞에 모여들어 당신의 영혼을 기다리다가 문이 열리면 맹견처럼 달려들 것이다.

이것이 왜 악하게 산 대부분의 사람이 조용히 죽는가 하는 물음에 대한 답이다. 사탄은 그때 그들을 자신의 전리품으로 취한다. 해적들처럼 사탄은 빼곡히 쌓은 화물을 노린다.

일부 초대 교회에서는 매일 성찬을 했다. 왜냐하면, 자신들이 매일 죽는 것을 바라보았기 때문이다. 그러나 우리가 살고 있는 요즘은 편안함으로 독이 차고 배불러, 죽음을 한 시간이라도 깊이 생각해 보는 사람을 보는 것은 드문 일이다. 그러나 죽음은 어느 날 이런 자들 위에 쓰디쓴 일격을 가할 것이다.

2) 죽음 이후에 사람들은 심판을 받기 위해 하나님 앞에 나타난다
(히 9:27)

그들의 육신은 무덤 안에서 참으로 썩고, 그들의 영혼은 심판을 위해 주님 앞으로 돌아온다(전 12:7). 보편적 심판(general judgment)은 세상의 끝에 있다. 이때는 육과 혼이 하나님 앞에 나타나고 모든 세상이 회계(會計)를 해야 한다. 하지만 각 사람이 이생 후, 즉 생명의 끝에 즉시로 맞게 되는 개별적 심판(particular judgment)이 있다. 여기서 영혼은 오직 주 앞에서 정죄를 받는다.

이 개별적 심판이 무엇인지는 다음 네 가지 결론으로 알 수 있다.

첫째, 각 사람은 자신이 태어난 날에 죽어야 함이 분명하다. '죄의 삯은 사망'인 까닭이다. 그러므로 공의 때문에 사람은 태어난 순간부터 죄

된 피조물로서 죄의 대가가 지불되어야 한다.

둘째, 그러나 그리스도는 한때나마 그들의 생명을 간청하신다(딤전 4장). 주님은 모든 인간의 구원자이시다. 다시 말하면, 지옥에서 건져진 영원한 보존의 구원자가 아니라 지옥에 떨어지는 것으로부터의 임시적 유보의 구원자다.

셋째, 그리스도를 통해 간청된 이때만 인간이 불만족하신 하나님과의 화평을 이루는 때이다(고후 6:2).

넷째, 만일 사람들이 이 제한된 시간 내에 돌이키지 않으면, 죽음은 그들을 데려가고 심판만이 그들에게 남는다. 즉, 그들의 종말은 예견되고 회개의 날짜는 지나간다.

그러면 영원한 죽음의 선고가 그들에게 임하고, 따라서 다시금 구원으로 불릴 수 없다. 이것이 죽음 이후의 심판이다. 사도는 이렇게 말한다.

> 우리가 우리를 살폈으면 판단[심판]을 받지 아니하려니와(고전 11:31).

이제 악인은 이생에서는 스스로 살피고 정죄하지 않는 까닭에 생의 마감 시에 하나님은 그들을 심판하실 것이다.

모든 육적 인간은 이생에서 잃어버린 자이지만, 다시금 발견되어 회복될 수 있다. 그러나 죽음으로 인한 사람의 상실은 취소 불가하다. 이는 죽음 이후에는 그들을 회복시킬 어떤 방편도 없기 때문이다. 설득할 친구도, 설교하는 목사도 없기에, 믿음이 만들어지고 사람이 그리스도께 나아갈 수가 없다. 그러니 다시 돌아오거나 회개할 힘도 없다. 밤이 가깝고 낮이 지났기 때문이다.

다시 말하건대, 응벌은 너무 가혹하여 죄인은 진노만을 감당할 뿐이다. 그래서 그들의 모든 생각과 감정은 짐으로 여겨진다. 그러므로 부자는 부르짖는다.

> 내가 이 불꽃 가운데서 고민하나이다(눅 16:2).

오! 이 점을 생각하라.
그러면 모든 안일한 죄인이 일깨워질 것이다.
당신이 죽으면 당신의 불멸의 영혼은 어찌될까?
당신은 말한다.
"나는 좋기를 바라지만, 나는 아무것도 모른다."
그러므로 나는 말한다. 그것이 당신의 집에 탄식을, 당신의 무덤에 전율하는 것을 보낼 것이다. 만일 당신이 이런 처지로 죽더라도, 개처럼 두꺼비처럼 죽지는 않을 것이다. 하지만 죽음 후에 심판이 당신에게 임함은 틀림없다.

그러므로 죽을 때 친구들에게 안녕을 구하라.
그리고 당신이 죽음을 맞이할 때 하나님과 영원한 안녕을 고하라.
이제 주님은 우리의 눈을 열어 이 개별적 심판의 공포를 보게 하시니, 만일 우리가 그 심판을 볼 수 있다면, (우리가 미치지 않는 한) 이는 우리로 하나님과 모든 것을 바르게 하기를 구하면서 모든 밤낮을 보내도록 할 것이다.

4. 심판의 방식과 특징

나는 이런 점들에 대해서 개별적 심판의 방식과 특징을 간단하게 보여 주고자 한다.

1) 당신의 영혼은 나쁜 감옥에서 나오듯 당신의 육신으로부터 분리되어 마귀에게 끌려간다

마귀, 곧 간수 때문에 삼층천 안의 어떤 장소로 가서, 거기서 모든 친구들, 모든 위로, 모든 피조물을 빼앗긴 채 하나님의 임재 앞에 서게 될 것이다(눅 9:27). 마치 재판 시에 간수가 죄수를 데리고 나오는 것과 같다.

2) 당신의 영혼은 그 안에 비춰지는 새 빛을 갖게 될 것이다

여기서 영혼은 영화로우신 하나님의 임재를 보게 될 것이다. 마치 죄 때문에 데리고 나온 죄수의 눈이 두려움으로 재판관을 바라보는 것과 같다. 이제는 당신이 세상에서 하나님의 모습을 볼 수 없으나, 그때는 전능자 여호와를 볼 것이요, 주님의 모습은 당신을 지옥의 전율과 무서운 공포로 몰아넣을 것이며, 그래서 자신을 덮어 달라 산에게 호소할 것이다.

> 산아 우리 위에 떨어져 어린양의 진노에서 우리를 가리우라(계 6:16).

3) 당신이 범했고 범할 모든 죄가 당신 마음에 새롭게 떠오를 것이다

마치 죄수가 재판관 앞에 나오면 그의 고발자가 증거를 대는 것과 같다. 그러면 당신의 잠자는 양심은 수천 명의 증인을 대신하며, 죄는 그 모든 상황과 함께 차례로 베풀어지고, 당신 주위에 하나님의 진노로 무장될 것이다(시 50:21).

오렌지 즙으로 쓰인 글씨는 불빛에 쬐어야 나타나 읽을 수 있듯이, 당신도 지금은 자기 양심이 쓴 당신에 대한 피의 고소장을 읽을 수 없으되, 소멸하는 불인 하나님께 가까이 설 그때에는 얼마나 무거운 평가가 드러나겠는가!

아마도 당신은 지금 많은 죄악을 멀리하고 죄악에서 멀리 떨어졌기에 가장 많이 유익을 얻을 수 있어, 어떤 그리스도인도 당신을 분별하지 못할 것이다. 그래서 당신은 스스로 안전한 곳에 있다고 생각한다.

하지만 당신의 배에 당신을 침몰하게 할 틈새가 존재한다.

당신의 심령 안에 하나의 비밀스럽고 숨겨진 죄가 있으니, 이는 모든 불건전한 사람들이 그러하듯, 그 안에 당신이 살고 있어 당신을 정죄할 것이다. 말하건대, 당신이 죽고 없어지는 순간, 당신은 끈이 당신을 묶고 있었던 곳, 당신을 지금 영원히 멸망시킨 당신의 죄가 있는 곳이 어디인지 보게 될 것이다. 그러면 당신은 다음과 같은 생각으로 미칠 지경이 될 것이다.

"오! 나는 지금까지 죄를 사랑하고 그 안에서 살아왔는데, 이것이 나의 영원한 파멸을 몰고 왔음을 알지 못했다니!

하지만 고치기에는 이제 너무 늦었구나."

4) 주님은 당신에게 고별 인사를 하실 것이며 당신이 그것을 알게 하실 것이다

지금은 하나님이 이생의 당신으로부터 떠나시지만, 다시금 긍휼 가운데 돌아오실지 모른다. 그러나 주님은 오래 참으심이 끝난다면 더 이상 당신을 기다리지 않으시고 더 이상 그리스도를 권하지도 않으실 것이요, 성령은 더 이상 당신을 도우려 하지 않으실 것이다.

그래서 주님은 비록 목소리로는 아닐지라도 결과적으로 당신 영혼에 말씀으로 이렇게 선고하실 것이다.

> 행악하는 모든 자들아 나를 떠나 가라(눅 13:27).

당신은 참으로 하나님의 영광을 목도할 것이며, 그 영광은 다른 자들도 보지만, 당신에게는 더 큰 슬픔이 되어 동일한 영광을 맛볼 수 없게 될 것이다(눅 13:28).

5) 하나님은 당신의 버려진 영혼을 마귀의 손에 넘겨주실 것이다

마귀는 당신의 간수가 되어 회계하는 큰 날까지 당신을 지킬 것이다. 당신의 친구들이 당신의 재물을 움켜쥐려 하고, 벌레가 당신 몸을 기어오르는 것처럼 마귀는 당신의 영혼을 움켜쥘 것이다. 언제나 악인은 죽자마자 천국 아니면 지옥에 있기 때문이다. 그러나 천국은 아니다. 부정한 것은 그곳에 올 수 없는 까닭이다. 지옥에서라면 그때에 마귀들 가운데 당신의 영원한 거처가 있을 것이다(벧전 3:19).

따라서 당신의 버려진 영혼은 지나간 때를 탄식하며 누울 것이다. 이제는 다시 돌이키기에 너무 늦기 때문이다. 임재하신 하나님의 진노의 참을 수 없는 고문 아래 신음하며, 다가올 영원한 비참함과 슬픔에 놀랄 것이다. 마지막 나팔이 불릴 때 그 두려운 시간을 기다리며, 몸과 혼은 그 진노이자 절대 꺼지지 않는 불을 짊어져야 한다.

오! 그러므로 지금 당신의 최악의 상황을 미리 추측하여 두려워하라.

당신은 한번도, 결코 혹은 조금도, 이 문제 곧 그리스도가 당신을 구원하실 것인지 혹은 아닌지에 대해 당신 머리로 걱정해 본 적이 없다. 그럼에도 당신은 주님이 당신을 구원하실 것이라는 강한 소망과 확신을 이미 가지고 있다.

당신이 미혹되어 있을 가능성을 알라. 그러면 당신은 죽음 이후 당신의 어두운 장래를 알 것이요, 비록 피눈물을 흘릴지라도 하나님과의 평강을 누릴 한 시간도 더 이상 갖지 못함을 깨달을 것이다.

만일 정죄받은 자의 얼굴에 있는 수건처럼, 무지의 덮개가 눈앞에 있거나, 혹은 당신이 정욕에 붙들려 있거나, 혹은 당신 스스로를 사죄하고, (당신이 자신의 죄에 대해 조금은 미안해하되, 다시금 이같이 하지 않기를 결단하기 때문이다.) 자신의 영혼에 평강을 선언한다면, 당신은 죽음 이후에 심판받기 위해 주 앞에 나타나야 하는 자이다.

이제 이처럼 정죄받아 그렇게 죽는 당신은 죽음 이후에 두려운 심판에 이르게 될 것이다. 세상 끝날에 혼과 육의 전반에 심판이 있을 것이다. 이때 그들은 그리스도의 큰 보좌 앞에서 고발되어 정죄받을 것이다(유 1:14-15; 고후 5:10). 장차 오는 심판의 소리에 벨릭스는 두려워했다. 안일한 죄인을 일깨움에는 이 극렬한 날에 대한 슬픈 생각보다 더 효과적인 것은 없다.

그러나 당신은 그런 날이 있음이 어찌 증명될 수 있는가 물을 것이다. 나의 답은 하나님의 공의가 이를 요구하신다는 것이다.

이 세상은 하나님의 오래 참으심과 은혜가 각기 제 역할을 하는 무대이다. 따라서 각 사람은 하나님이 긍휼하시다고 고백하며 생각한다. 이는 하나님이 그런 분이시라고 느끼기 때문이다. 반면, 하나님의 공의는 의문시된다. 사람들은 하나님의 긍휼은 100퍼센트이나 공의는 0퍼센트라고 생각한다. 모두 꿀뿐이요 침은 없다고 생각한다.

이제 악인은 그들의 모든 행사에 형통하고 결코 벌을 받지 않으며 평안 가운데 살다가 죽는다. 반면, 경건한 자는 날마다 환난을 겪고 욕을 먹는다. 그러므로 이런 속성이 현재는 거의 완전히 무시되겠지만, 어느 날 만인 앞에 그 영광 가운데 이 속성이 빛나게 될 날이 올 것이다(롬 2:5).

그 이유는 그리스도의 영광 때문이다.

주님은 사람들에게 고소, 고발되어 정죄받으셨다. 그러므로 주님은 그들의 재판관이 되실 것이다(요 5:27). 이것은 자기 백성에 대한 하나님의 섭리의 일상적인 면이기 때문이다. 그 섭리는 하나님이 지금 그들을 동일한 악 속에 던지시고, 때가 되면 반대되는 선으로 그들을 높이시는 것이다.

주님이 요셉을 모든 애굽의 주관자로 삼으시려고 먼저 그로 종이 되게 하셨다. 마찬가지로 하나님은 그리스도를 만인의 재판관으로 삼으시려고 먼저 그분이 사람들로부터 심판받으시도록 뜻하셨다.

(1) 질문과 대답

[질문 1]
그렇다면 이 심판의 날은 언제인가?

[대답 1]
우리가 그 날과 시는 정확히 알 수 없으나, 우리가 확신하는 바는 모든 택자가 부름을 받는 때이다. 왜냐하면, 이들을 위해 세상은 서 있기 때문이다(사 1:9). 이 세상을 지탱하는 기둥들이 치워질 그때 세상에 화가 임할 것이다. 롯이 소돔에서 벗어나자 소돔이 불탄 것처럼 말이다.

이때가 아직 올 것 같지는 않다. 왜냐하면, 먼저 적그리스도가 불타야 하고, 흩어진 가시적 유대인뿐만 아니라 이스라엘의 모든 지파가 먼저 부름받아야 하며, 이 땅에 하나의 영광스런 교회가 있어야 하기 때문이다(겔 37장). 이 영광스런 교회를 성경과 이성은 확신하는바, 이것이 부름받을 때 태어나자마자 소멸되는 것이 아니라 매년 계속될 것이다.

[질문 2]
그렇다면 이 심판은 어찌될 것인가?

[대답 2]

첫째, 그리스도는 셋째 하늘에서 나오셔서 모든 죽은 자가 일어나기 전에 공중에서 보이실 것이다. 여기에 찬송 소리가 함께할 것이니, 마치 왕이 그 대적을 이기고 그 신하들과 함께 승리를 위해 나오는 것과 같다.

둘째, 그때 천사장의 소리가 들리게 될 것이다. 이제 이 천사장은 예수 그리스도 자신이시다. 성경의 설명처럼 하늘의 구름 속에서 하늘을 가르며 알아들을 수 있는 소리로 말씀하실 것이다.
"일어나라, 너희 죽은 자들아. 그리고 나와서 심판을 받으라."
마치 "나사로야, 나오라" 하고 말씀하신 것처럼 말이다.

셋째, 그때 나팔이 울리게 될 것이다. 율법을 수여할 때 나팔 소리가 들렸다고 말씀하신 것처럼(출 19장), 이제 더 큰 소리로 나팔이 울리게 되며, 그때 주님은 율법을 어긴 자들을 심판하기 위해 나오실 것이다.

넷째, 그때 죽은 자들이 일어날 것이다. 주 안에서 죽은 자들의 육신이 먼저 일어나고, 그다음에는 살아남은 자도 에녹처럼 형체가 변화될 것이다(고전 15장).

재판관과 공의가 그리스도의 우편에 앉은 자들에게, 그들의 보좌에 임하며, 그다음에는 죄지은 수인들이 끌려 그들의 무덤에서 나올 것이다. 마치 무서운 폭풍을 맞은 더러운 두꺼비와 같다. 그런 연후에 모든 악인은 과거의 악인이든 미래의 악인이든 간에 이 영광스런 재판관 앞에 떨며 설 것이며 동일한 육체, 발과 손이 최후의 심판을 받게 될 것이다.

오! 이 날을 숙고하라.

지금 죄 가운데 살고 있으나 여전히 안전한 당신이여!

6) 당신이 심판을 받게 될 어느 날이 올 것이다

(1) 누가 당신의 재판관이 되는지를 숙고하라

왜 긍휼, 연민, 선함 자체, 심지어 예수 그리스도가 너무 자주 당신을 향해 동정의 마음(bowels)을 보이셨는지를 말이다.

하나님의 자녀는 말한다.

"저쪽에 내 형제, 친구, 남편이 있네."

그러나 당신은 말한다.

"저쪽에 내 적이 있네."

하나님의 자녀는 말한다.

"저기에 나를 구원하기 위해 피를 흘리신 주님이 계신다."

그러나 당신은 말한다.

"저기에 내가 나의 죄로 그분의 심장을 찔렀고, 그 피를 내가 무시했던 그분이 오신다."

하나님의 자녀는 말한다.

"오! 오소서. 주 예수여! 나를 주의 날개로 덮으소서."

그러나 그때 당신은 부르짖을 것이다.

"오! 바위여, 내 위에 떨어져 어린양의 얼굴로부터 나를 가리우라."

(2) 주님의 강림 방식을 숙고하라 (살후 1:7)

주님은 불꽃 가운데 나타나실 것이요, 하늘은 불꽃에 휩싸일 것이며, 모든 체질이 불타는 납처럼 당신 위에서 녹을 것이다.

읍내의 어떤 집에 밤중에 불이 나면 얼마나 두려운 외침이 있게 되는가!

모든 세상이 "불이야! 불이야!"라고 외치며 숨으려고 피난처를 찾아 위아래로 달리지만 찾을 수 없기에 이렇게 말한다.

"이제 피와 불의 암울한 날이 임하는구나. 여기에 내 교만, 내 맹세, 내 술 취함, 안일함, 그리고 의무를 게을리함에 대한 삯이 있구나."

(3) 그날에 당신에게 임할 무거운 참소에 대해 숙고하라

세상 사람들 대부분이 부드러운 얼굴로 대하기 때문에 세상에 악인은 없어 보인다. 하지만 때때로 혹은 어느 때 사도가 말하듯, 남자들은 남자들과, 여자들은 여자들과 은밀하게 음행한다. 자기를 오염시키고 위험한 방탕함(롬 1장), 즉 어떤 은밀한 악행을 범한다. 그래서 다른 사람들이 이를 알면 그는 수치심에 스스로 목매려고도 할 것이다.

하지만 그날에 온 세상은 공개적으로 이런 비밀스런 악행을 보고 들을 것이며, 행위의 책들이 펼쳐질 것이다. 그날이 되면 사람들은 더 이상 부정한 사업을 하지도 은밀하게 끝내지도 않을 것이다. 공개 청문회의 날이 있을 것이다. 일은 대충 뒤죽박죽 처리되지 않을 것이다.

우리는 그날에 먼저 그리스도께서 죽은 자를 살리시고, 그런 다음 분리가 이루어지며, 다음에는 갑작스럽게 심판의 날이 이루어진다고 생각한다. 그러나 아니다. 그날에는 많은 시간이 필요하다. 온 세상이 이 땅에서 악인의 은밀한 죄를 보아야 하기 때문이다. 이는 성경의 논리상 분명하다.

세상을 심판하는 그리스도의 왕적 직무의 날은 다행히도 세상을 통치하시는 가운데(여기서 주님은 덜 영화로우시다.) 지금 그의 은밀한 역사보다 더 오래 걸릴 것이다.

기회주의자인 당신은 떨라.

위선자인 당신은 떨라.

이 재판관의 전지한 눈 밑에서 은밀한 죄 가운데 살아가는 당신은 떨라.

당신 자신의 양심은 참으로 당신 자신에 대한 충분한 증인이니, 당신의 개별적인 심판날에 당신의 모든 죄를 밝히 드러낼 것이다. 온 세상은 당신의 흑암의 내밀하고 감추어진 과정을 밝히 볼 것이며, 그날은 당신에게 영원한 수치가 될 것이다.

(4) 그때에 당신에게 임할 공포스런 선고에 대해 숙고하라

> 너희 저주받은 자들아 나를 떠나 마귀와 그 사자들을 위하여 예비된 영영한 불에 들어가라(마 25:41).

그러면 당신은 부르짖을 것이다.

"오! 주여, 긍휼을 베푸소서!

오! 적은 긍휼을 베푸소서!"

그러나 주 예수님은 이렇게 답하신다.

"아니다. 나는 이미 너희에게 주었으나 너희가 거절했다.

그러므로 나를 떠나라."

그러면 당신은 다시 탄원할 것이다.

"주여! 내가 떠나야 한다면, 내가 가기 전에 나를 축복하소서."

"아니다. 저주받은 자들아 나를 떠나라."

"그러나 오! 주여, 내가 저주받은 채 떠나야 한다면, 나로 좋은 곳으로 가게 하소서."

"아니다. 저주받은 자들아 지옥 불로 떠나라."

"오! 주여, 그 고통을 감당할 수 없나이다.

그러나 그래야만 한다면, 주여, 나로 빨리 다시 거기서 나오게 하소서."

"아니다. 저주받은 자들아 영영한 불로 들어가라."

"오! 주여, 여기 나의 거처가 주의 기쁨이라면, 나로 좋은 동무를 갖도록 하소서."

"아니다. 저주받은 자들아, 마귀와 그 사자들을 위하여 예비된 영영한 불로 떠나라."

이것이 당신에 대한 선고일 것이다. 이것을 들으면, 바위가 터지게 될 것이다.

그러하니 당신의 죄 가운데 살며 형통하라.

하나님의 목사들을 경멸하고 조롱하며 형통하라.

또한, 너무 좁은 길인 신앙의 권능과 행습을 미워하고 형통하라.

하지만 이를 알라.

당신의 무서운 재판관, 슬픈 선고를 당할 그날이 올 것임을 말이다. 지금이 죄를 짓는 당신의 날이다. 그러나 곧 하나님이 정죄하시는 그의 날을 가지실 것이다.

(5) 심판날이 이르면 하나님의 두려운 진노가 당신의 몸과 혼에 부어지고 쌓일 것이다

그때 유황의 빛처럼 주의 호흡이 그들의 몸과 영혼을 불태울 것이기에, 여기서 당신도 누워 불타되 누구도 이를 끄지 못할 것이다. 이것이 심판 이후에 있는 죄인을 향한 집행이다(계 21:8).

5. 하나님의 진노

1) 당신의 영혼은 하나님과 그리스도의 면전에서 그리고 복된 감미로운 임재로부터 사라지게 된다

> 다 크게 울며 바울의 목을 안고 입을 맞추고 다시 그 얼굴을 보지 못하리라 한 말로 말미암아 더욱 근심하고(행 20:37-38).

오! 당신은 하나님, 그리스도, 성도들, 천사들의 얼굴을 다시는 보지 못할 것이다.

오! 두려운 종말, 영원히 굶주리며 슬퍼하리니, 당신을 위로할 한 조각의 빵도 없으며, 당신을 상쾌하게 할 하나님의 어떤 웃음도 없을 것이다.

자신에게 임하는 상처를 가진 자들은 건전하고 온전한 인간과 교제하는 것을 멀리한다. 당신의 죄는 전염병처럼 당신에게 번진다. 그러므로 당신은 개처럼 하나님과 그 백성의 임재로부터 닫혀질 것이다(살후 1:9).

2) 하나님은 소멸하는 영원한 불처럼 당신을 대적하실 것이요 당신을 발로 밟으실 것이다

당신은 평생 죄로 하나님과 그 영광을 발로 밟았던 자이다. 사람도 남에 대해서 뛰어난 고통거리를 고안해 낼 수 있다. 그리고 큰 힘이 있기에 작은 막대기로도 가혹한 일격을 줄 수 있다.

하지만 큰 분노와 진노 때문에 일격을 가하게 하는 하나님의 큰 힘은 인간의 일격을 아무것도 아닌 것으로 만든다. 말하건대, 하나님의 모든 지혜는 당신을 대적하여 당신에게 고통을 주기 위함일 것이다(미 2:4). 본능 상태로 살다가 죽은 당신을 대적하려고 주님이 고안하신 그런 진노는 현재 결코 느끼거나 생각할 수도 없다. 그래서 이것은 "장래의 노하심"(살전 1:10)으로 불리운다.

하나님의 전능한 권능인 지혜가 고안해 낸 고통이 당신에게 가해질 것이며, 세상을 만들 때 보인 그런 권능 이상으로 진노 아래 있는 불쌍한 피조물을 붙들고 있다. 하나님이 한 손으로는 존재 안에 영혼을 붙드시고, 다른 한 손으로는 이를 때리신다. 이것은 계속 피조물을 대적하는 불처럼 타오르지만, 그럼에도 그 피조물은 결코 타서 없어지지 않는다(롬 9:22).

이것을 잔혹함이라 생각하지 마라.

이것은 공의다.

하나님이 무엇 때문에 악하고 불쌍한 자를 염려하시겠는가. 그가 사는 동안 어떤 것도 그를 선한 자로 만들 수 없는 그런 자를 말이다.

만일 우리가 오랫동안 나무 조각을 잘라 내도 어울리는 그릇이나, 우리에게 좋게 쓸 만한 것으로 만들 수 없다면, 우리는 이것을 불에 던져 버릴 것이다. 하나님은 당신을 설교, 병듦과 상실, 그리고 십자가, 갑작스런 죽음, 긍휼 그리고 비참함으로 자르지만, 어떤 것도 당신을 더 좋게 만들지 못한다.

그렇다면 하나님이 당신을 불에 던지는 것 외에 당신에게 무엇을 하시겠는가?

오! 당신이 이 진노를 느끼기 전에 이를 숙고하라.

온 세상이 내 귀 주위에서 불타게 하는 편이 무한히 무서운 하나님의 복된 얼굴에 나타나는 찡그린 인상을 보는 것보다 나는 차라리 좋다. 당신은 손가락 끝을 살짝 데기만 해도 무척 고통스러울 것이다. 그럴진대 당신의 몸과 혼을 영원히 소멸하는 이 끝없는 분노의 불을 어찌 감당하겠는가.

3) 결코 죽지 않는 양심이 당신에게 고통을 줄 것이다

양심은 독사처럼 밤낮으로 과거의 죄 때문에 괴로운 당신의 마음을 갉아 먹고 물어뜯을 것이다. 당신의 비참함의 원인, 즉 당신을 구원하고자 하셨던 주님께 당신이 관심조차 가져 본 적이 없음을 보여 줌으로 당신을 괴롭힐 것이다. 또 율법에 반하는 당신의 죄를 보여 주고, 당신의 나태함, 즉 이것 때문에 당신의 행복을 잃어버린 그 나태함을 보여 줌으로 당신을 괴롭힐 것이다.

그러면 당신의 양심은 탄식한다.

> 그렇게 많은 밤을 나는 기도하지 않고 잠자리에 들었고, 그렇게 많은 날과 시간을 향락과 어리석은 스포츠로 보냈구나. 아, 내가 그때의 반만이라도 기도하고 탄식하고 묵상했다면 저쪽 천국에 있었을 텐데….

양심은 당신에게 당신이 한때나마 이런 비참함을 피하게 해 준 방편들을 보여 줌으로 당신을 괴롭힐 것이다.

> 내가 한때 들었던 목사님의 말씀, 즉 마치 나에 대해 들었던 것처럼 그가 나에게 말해 준 나의 개별적 죄를 들었다면 좋았을 것을. 한 번은 새로워져 보라고 설득했던 친구의 말을 들었다면 좋았을 것을. 하나님이 강철 같은 내 심령에 두드리셨던 그 수많은 노크, 주님이 보내신 수많은 긍휼을 기억한다. 그러나 이제는 어떤 것도 나에게 아무 소용이 없구나.

양심은 당신이 이런 비참함을 얼마나 쉽게 피할 수 있었는가를 보여 줌으로 당신을 괴롭힐 것이다.

한때는 나도 거의 그리스도인이 될 뻔했는데. 그러나 내 심령이 죽어 가고 무절제한 친구들에 빠져 결국 모든 것을 잃어버렸다. 주 예수님이 내 문 앞에 와 두드리셨건만 말이다. 만일 내가 마귀의 노크 소리에 그렇게도 많이 문을 열어 주었던 것처럼 그리스도께 그리했다면 구원받았을 텐데.

양심은 당신의 심령을 수천 번 물어뜯을 것이요, 이것 때문에 당신은 부르짖을 것이다.

오! 시간, 시간!
오! 설교, 설교!
오! 잃어버린 내 영혼을 구원할 내 소망과 내 도움은 이제 사라졌구나.

4) 당신은 마귀들과 영원히 거처를 함께할 것이요 그들이 당신의 동행이 되리라

당신이 주님을 섬겼다면 거기 천국에서 그분과 함께 거하게 되었을 것이다. 자신이 혼자일 때 마귀가 눈앞에 갑자기 나타나면, 거의 제 정신을 잃어버릴 정도로 놀랄 것이라고 사람들은 생각한다.

그러니 당신이 천사의 거처에서 추방당해 마귀들과 함께 영원한 교제에 들어갈 때가 되면, 당신 영혼은 얼마나 큰 공포에 휩싸이겠는가!

5) 당신은 최종 절망에 사로잡힐 것이다

사람이 많이 아프더라도 이것이 오래 지속되지는 않을 것이라고 생각하면 위로가 된다. 하지만 의사가 그에게 평생 이런 고통 가운데 살아야 한다고 말하면 가난한 거지가 자신보다 훨씬 더 나으리라 생각할 것이다.

오! 생각하라.

당신이 수백만 년을 슬픔 가운데 살았지만 여전히 당신의 비참함이 끝날 마지막이 그 처음 시작 때보다 아직도 훨씬 멀리 떨어져 있다면 말이다.

> 나는 한때 긍휼과 그리스도를 가질 수 있었는데, 그러나 이제 희망이 사라졌구나. 그의 얼굴을 단 한번이라도 볼 수 있는, 그리고 그의 선한 눈길을 받을 수 있는 희망이 더 이상 없구나.

6) 당신은 영원히 하나님 아버지 앞에서 불경한 맹세와 저주를 토해 낼 것이다

당신은 당신을 택하지 않으신 하나님을 저주하고, 당신을 구속하기 위해서는 피 한 방울도 흘리지 않으신 그리스도를 저주하며, 당신 곁을 지나치고 결코 당신을 부르지 않으신 성령 하나님을 저주할 것이다(계 16:9).

그리고 당신은 그곳에 누워 울며 이를 갈며 하나님과 자신에 대해 분을 내며 소리 지르고 욕하고 길길이 날뛰며 거기에 영원히 하나님의 저주 아래 누워 있을 것이다.

따라서 하나님의 진노 때문에 하나님 이름을 욕되게 하여 불타는 당신 영혼 위에 불덩이가 놓여진 것 같으리니, 눈물의 홍수, 아니 눈물 바다도 그 불을 결코 끄지 못할 것이다. 당신은 영원히 울며 누워만 있을 것이기 때문이다. 이제 여기서 당신이 바라보는 그 길이 무엇이든 당신은 무한히 탄식할 일을 보게 될 것이다.

하늘을 바라보라. 그러면 하나님이 영원히 떠나셨음을 보게 될 것이다.

당신 주위를 돌아보라. 그러면 마귀들이 떨며 하나님을 저주하는 것을 보며, 수천만, 아니 수백만 명의 죄 많고 정죄받은 피조물이 울며 슬픈 외침으로 소리 지르는 것을 보게 될 것이다.

"오! 내가 태어난 날이여!"

당신 안을 살펴보라. 이를 가는 양심의 가책이 있다.

지나간 시간을 바라보라. 은혜의 황금 나날, 긍휼의 달콤한 계절이 완전히 사라졌다.

오는 때를 보라. 거기서 당신은 악, 군대와 벌떼 같은 슬픔, 화, 날뛰는 진노의 파도가 당신을 향해 소리 지르며 임하는 것을 목격할 것이다.

지금의 때를 보라. 한 시간도 혹은 한 순간도 평안과 상쾌함이 없고, 오직 모든 저주가 함께 만나고, 불쌍하고 잃어버린 불사의 영혼으로 먹고 살지만, 그 영혼은 결코 회복할 길이 없다.

하나님도, 그리스도도, 성령도 당신을 위로하지 않으시며, 어떤 목사도 당신에게 설교하지 않고, 어떤 친구도 당신의 한없는 눈물을 닦아 주지 않는다. 어떤 태양도 당신을 비추지 않으며, 빵 한 조각도, 물 한 방울도 당신의 혀를 식혀 주지 못한다.

이것이 모든 육적 인간의 비참함이다. 이제 당신 스스로 이를 변통하지 말며, 하나님이 긍휼하시다 말하지 마라.

참으로 이는 매우 소수에게만 사실이니 다음에 증명하겠다.

만일 당신이 그 적은 숫자 중 하나에 속해 하나님이 오는 이 진노를 피하도록 당신을 택하셨다는 확률은 천분의 일이다.

만일 당신이 이 진노를 감당할 주 예수님을 마음에 모시지 않는다면, 하나님과 그리스도 그리고 하나님의 긍휼과는 영원히 안녕이다!

만일 그리스도께서 바다 같은 피를 쏟으셨다면 당신의 심령을 안식에 두라.

당신이 와서 이 비참한 처지를 보고 느끼며 그 아래서 탄식하기 전까지는 당신을 위해서는 피 한 방울도 없다. 말하건대, 그리스도는 당신을 구원하시기는커녕 당신을 대적하신다.

그리스도께서 당신에게 말씀하신다.

여기 너희를 위한 나의 피가 있다.

하지만 만일 당신이 비참함 아래 누워 신음만 하고, 주의 말씀에도 불구하고, 당신의 마른 눈이 울지 않고, 당신의 완고한 심령이 따르지 않고, 당신의 교만한 심령이 "오! 나는 죄 많은, 잃어버려진, 정죄받은, 저주받은, 죽은 피조물이다. 어찌할꼬"라고 탄식하지 않는다면, 하나님이 그 얼굴을 당신에게서 거두시리라 생각하지 않는가?

그리고 하나님이 다음과 같이 말씀할 것이라고 생각하지 않는가?

> 오! 너희 돌 같은, 강퍅한 심령의 피조물아, 너희를 이 비참함으로부터 구원하고자 하는 나를 너희가 원했느냐?
> 오히려 너희는 그 구원에 대해, 이 비참함에서 벗어남에 대해 나에게 신음하거나 한숨 짓거나 탄식하지도 않으려 하는구나.
>
> 너희가 자신의 처지를 그리도 좋아한다면 그리고 나를 가벼이 여긴다면, 영원히 너희의 비참함 가운데 멸망하라.

오! 이 화로 가득한 처지 아래 밤낮으로 겸손하도록 힘쓰라.
당신은 아담의 슬픈 죄에 대한 죄책이 있다.
이것이 당신의 심령을 깨뜨리는가?
아니라면, 당신은 죄 가운데 죽은 자요 모든 죄로 충만한 자다.
이것이 당신의 심령을 깨뜨리는가?
아니라면, 당신이 무엇을 하고, 무엇을 했고, 무엇을 할 것이건 간에, 이 처지 가운데 있음이 죄이다.
이것이 당신의 심령을 깨뜨리는가?
아니라면, 하나님은 당신의 대적이요 당신은 그를 잃어버렸다.
이것이 당신의 심령을 깨뜨리는가?
아니라면, 당신에게 남은 것은 정죄받아 영원한 죽음뿐이다. 사탄은 당신의 간수요, 당신은 손발이 묶여 죄의 쇠사슬 가운데 있고, 흑암에 던져지며, 곧 지옥에 떨어질 찰나이다.

이것이 당신의 심령을 깨뜨리는가?

아니라면, 당신은 죽으리니 그 후에 주님 앞에 나타나 심판을 받을 것이요, 하나님의 영원하고 감당할 길 없는 진노를 짊어질 것이다. 이 진노는 바위를 부수고, 지옥의 바닥까지 태우는 진노이다.

이것이 당신의 강퍅한 심령을 깨뜨리는가?

아니라면, 당신은 "그리스도여, 영원히 안녕" 할 것이며, 절대로 그리스도를 보지 못할 것이다. 당신이 그리스도를 벗어나 당신의 비참함을 느끼기 전까지 말이다.

그러므로 이것을 위해 진력하라. 그러면 주님은 놋뱀을 보이실 것이니, 이는 당신 자신의 감각과 느낌 가운데 있어 불뱀을 찔러 죽일 것이다.

제4장

구속의 유일한 방편

주 예수 그리스도는 이 처지에서 벗어나게 하시는 구속과 해방의 유일한 방편이다.

> 우리는 그리스도 안에서 그의 은혜의 풍성함을 따라 그의 피로 말미암아 속량 곧 죄 사함을 받았느니라(엡 1:7).

이 말씀은 예수 그리스도께서 인간을 속박과 비참한 처지에서 구속하시고 해방하시는 유일한 방편임을 간단하게 보여 준다. 그리고 이것이 내가 지금 주장하려는 가르침이다.

1. 구속의 네 가지 방편

이스라엘 백성이 속박과 비참함 가운데 있었을 때, 하나님은 그들을 해방시키려고 모세를 보내셨다. 그들이 바벨론의 포로로 있을 때, 주님은 고레스를 사용하여 그들을 위해 감옥 문을 부수게 하셨다. 하지만 모든 인류가 영적 비참함에 있을 때, 하나님은 그들을 구속하시려고 신이시며 인간이신 주 예수님을 보내신다(행 4:12).

[질문]
어떻게 그리스도께서 인생들을 이런 비참함으로부터 구속하시는가?

[대답]
그들을 위한 대가를 지불하셨다(고전 6:20). 하나님의 긍휼은 어떤 자들을 구원함에서 나타나며, 그분의 공의는 만족되어야 하는바, 만족하심을 통해서나 혹은 인간의 죄를 위해 대가가 지불되었을 때이다. 그리스도는 이렇게 하나님의 공의를 만족시키신다.

첫째, 긍휼이신 그리스도께서 구원하기로 작정한 모든 자의 자리에 서신다. 보증인이 채무자의 자리에 선 것과 같다(히 7:22). 첫 아담이 모든 타락한 인류의 자리에 섰던 것처럼, 그리스도는 사람이 다시 회복되는 자리에 서신다.

둘째, 그리스도께서는 모든 인생의 죄에 대한 영원한 죄책을 그들의 처지에서 그들로부터 취해 떠맡으셨다(고후 5:21). 따라서 루터는 전가(轉嫁)로 말미암아 그리스도가 가장 큰 죄인이 되셨다고 말한다.

셋째, 그리스도께서는 죄에 대한 하나님의 저주와 진노를 감당하셨다. 하나님은 거룩하시기에, 죄가 오직 전가로 말미암아 자기 아들에게 붙어 있음을 보신다. 하나님은 그 아들을 용서하지 않으시고, 그로 아버지의 진노와 저주를 감당하게 하셨다(갈 3:13). 그리스도는 모든 택자의 잔을 단번에 들이키셨다. 이 잔은 그들이 수백만 년 동안 맛보고 마시고 또한 함께 받아야 고난이다.

넷째, 그리스도께서는 온전한 의를 하나님의 임재 가운데 가져오셨다(롬 5:21). 온전한 의를 위해 하나님의 공의는 율법에 부합한 온전함을 요구했으며, 율법의 수여자 예수 그리스도께 주어진 잘못에 대한 고난(온전한 만족) 역시 요구했다.

하나님의 공의는 이 네 가지를 요구했는데, 그리스도께서 이를 행하심으로써 공의가 만족되고 대가도 완전하게 지불되었다. 그리스도는 강한 손으로 우리를 구속하시는 구속주이시다.

구속은 대가로 말미암아 그리스도의 인격 안에서, 그분의 부활 안에서 성취된다. 그리고 구속은 인간의 소명 가운데 성령에게서 시작되며 심판의 날에 끝난다.

이는 마치 튀르키예에 있는 포로를 위해 돈이 먼저 지불되고 그런 연후에야 그 포로는 대적의 손에서 벗어나게 되는 것과 같다. 그는 스스로 자신의 왕에게 이를 수 없기 때문이다. 여기에 가장 악한 죄인을 향한 격려, 그리고 제어되지 않는 잃어버린 죄인을 향한 위안이 있다.

그들은 모든 돈, 시간, 그리고 아무 질병도 치료할 수 없는 의사와 같은 전심전력의 의무 수행과 노력으로 모든 힘을 탕진했다.

오! 여기 주 예수님을 바라보라.

그분은 당신을 위해 치료를 베푸신다. 모든 피조물이 많은 세월 동안 할 수 없던 것을 그분은 순간에 하실 수 있다.

당신이 지금 어떤 빗장에, 어떤 족쇄에, 어떤 합당하지 않은 정욕, 시험, 그리고 비참함에 묶여 있는가?

구원자가 시온에서 나오셔서 공의를 만족하고 가난한 포로를 대속하기 위해 대가를 지불하셨다(눅 4:18). 이는 그 손안에 있는 천국, 지옥, 그리고 당신의 고삐 풀린 심령의 열쇠를 가지고 당신을 이끌어 내시되, 큰 긍휼과 강한 손으로 하신 것이다.

누가 알겠는가. 지옥의 불쌍한 죄수에 불과한 당신, 마귀의 가련한 포로에 불과한 당신, 가난한 족쇄 찬 죄인에 불과한 당신이 바로 그분이 오셔서 구원려 하신 대상임을 말이다.

오! 그를 올려다 보고, 그로 인한 구원을 위해 천국을 향해 신음하면서 그의 오심을 기뻐하고 즐거워하라.

하지만 다음과 같은 자에게는 공포가 있다.

첫째, 구원의 방편이 있음에도 비참함 가운데 누워 결코 신음하거나 주 예수님께 구원을 위해 탄식하지 않는 자들에게 큰 공포가 있다.

속박을 오히려 즐거워하고 빗장에 갇혀 있음에도 지옥에서 춤을 추는 자들, 구원을 싫어하는 자들, 기도할 때 착고 안에 앉은 자들, 지루한 설교가 한 시간 넘게 계속되면 교회 문을 박차고 뛰쳐 나오는 자들, 주 예수님이 감옥 문을 열고 그 비참한 처지에서 나오라고 할 때, 마치 감옥에서 나온 죄수들처럼 주님을 경멸하는 자들에게 말이다.

오! 불쌍한 피조물!

자신을 구원할 방편이 자신에게 있기에 이를 경홀히 하며 멸시하는가?

명심하라.

이것이 어느 날 당신의 심령을 도려낼 것이니, 그날은 당신이 지옥의 교수대에 매달려 있고 다른 자들이 그리스도 때문에 속량받아 하나님 우편에 서 있음을 볼 때이다. 당신도 그들과 함께 유업을 누릴 수 있었으니, 이는 당신을 구하고자 오신 구원자가 있었음이라.

그러나 당신은 그분을 조금도 영접하려 하지 않았다.

오! 당신은 그런 영원한 불길 속에서 험담하며 누우려 하고, 자신의 머리를 뜯으며 자신을 저주할 것이다.

여기서부터 당신은 구출될 수 있었음에도 그리하려 하지 않았다.

그리스도께서 당신을 지옥에서, 선술집에서 구출하지 않으셨는가.

그리스도께서 당신을 사탄의 지배에서, 방탕한 동료들에게서 구출하지 않으셨는가.

그리스도께서 당신을 불길에서 구출하셨는데, 당신 안에서 동성애가, 죄가 자라고 있지는 않는가?

그리스도의 피가 당신 것이다.

그런데 이 피가 닭의 피보다도 중요하지 않으며, 이 피의 능력을 느끼지 못하는가?
당신은 속량을 받았는가?
당신은 그리스도로 말미암아 구원되리라 소원하는가?
또 속박 아래 있음을 보지도, 느끼지도, 한숨 짓지도 않았는가?

오! 마귀는 지옥에서 휴일을 지키며 당신을 존경하리니, 당신은 하나님의 진노 아래서 탄식하며 한탄할 것이다.
오! 이것에서 우리를 구출하는 방편이 있었다.
그러나 당신은 당신의 비참함을 두고 영원히 신음할 것이다. 구원자가 있었으나 곤고한 당신은 그분을 전혀 영접하지 않으려 했다는, 이것이 어느 날 당신의 심령을 관통할 단도가 될 것이다.
둘째, 이 비참함을 스스로 벗어나고자 힘쓰는 자들에게 공포가 있다.
무지한 자들이라면, 그들은 자신의 좋은 취지와 기도로 구원받기를 소망한다.
선한 시민이라면, 그들은 빚진 것을 갚음으로, 해야 될 것을 행함으로, 누구에게도 해를 끼치지 아니함으로 구원받기를 소망한다.
형편상 힘들어하는 자들이라면, 그들은 탄식함으로, 회개함으로, 개혁함으로 자신의 몸을 온전히 불사르려 한다.
오! 불쌍한 그루터기!

당신이 죄 없이 이 소멸하는 불 앞에 설 수 있는가?
당신이 스스로 그리스도가 될 수 있는가?
당신이 무한한 진노를 짊어지며 그 진노 아래에서 나올 수 있는가?
당신이 하나님의 임재 앞으로 온전한 의를 가져올 수 있는가?

이것은 그리스도만이 하실 수 있다.

그분이 아니면 만족하고 속량할 수 없다.

만일 당신이 그렇게 할 능력이 없고, 그리스도를 영접하지도 않았다면, 차라리 당신 혀가 그루터기마냥 닳을 때까지 천지가 진동하기를 바라고 기도하라.

당신이 할 수 있는 한, 그리고 다른 이들이 당신을 쓸 만한 그리스도인이라 칭찬할 만큼 노력하라.

광야로 나가 멸망의 날까지 탄식하라.

거기에서 당신의 무덤을 당신 손톱으로 파라.

몇 시간씩 울어 눈물 양동이를 채우되 더 이상 울 수 없을 때까지 울라.

금식하고 기도하기를 당신의 살과 뼈가 달라붙을 때까지 하라.

더 나은 자가 되기를 충분히 결단함으로 약속하고 뜻하라.

당신의 머리, 심령, 삶, 혀 그리고 어떤 아니 모든 죄를 개혁하라.

천사처럼 살라.

태양처럼 비추라.

세상을 걸어 다니되 비탄의 순례자처럼 하라.

그래서 모든 그리스도인이 당신을 칭찬하고 칭송하도록 하라.

만 번의 죽음을 죽으라.

수백만 년 동안 지옥의 벽난로 뒤에 눕되, 마치 땅에 있는 한 무더기의 잔디 혹은 바닷가의 모래 혹은 하늘의 별 혹은 태양의 흑점이 있는 것처럼 하라.

당신의 죄를 향한 하나님의 진노 중 그 어떤 것도 당신은 끌 수 없다.

이 모든 의무를 다 한다고 해도, 이 모든 슬픔 혹은 눈물의 어떤 것으로도 그리할 수 없으리라.

왜냐하면, 이것들은 그리스도의 피가 아니기 때문이다.

그렇다. 천지의 모든 천사와 성도가 당신을 위해 기도한들, 이것이 당신을 구원하지 못할 것이다. 왜냐하면, 그들의 피는 그리스도의 피가 아닌 까닭이다.

그렇다. 법을 만드신 창조주 하나님은 그리스도의 피가 없이는 단 하나의 죄도 용서하실 수 없다.

당신이 조금이나마 예수 그리스도를 영접하거나 그분에게 들어가지 않는다면, 그리고 당신을 구원하는 그런 위대한 일에 당신이 스스로 혹은 의무를 통해 그리스도와 합력하지 않는다면, 그리스도의 피도 용서하지 않을 것이다.

그러므로 부르짖으라.

복된 순교자가 그리했듯이, "그리스도가 아니고는 누구도 아니다. 그리스도가 아니고는 누구도 아니다"라고 말이다.

예수 그리스도를 통한 이처럼 큰 구원을 경홀히 하거나 거절하지 않도록 유의하라.

당신을 치유할 이 피의 잔을 쏟지 않도록 유의하라.

그러나 당신은 말할 것이다.

"이 구원의 방편은 오직 어떤 자들만을 위해 약정되었고, 모든 자 그러므로 나를 위함이 아닌가. 그렇다면 어찌 내가 그리스도를 거절할 수 있겠는가."

이것은 사실이다. 그리스도께서는 만인을 위한 기도의 호흡을 허비하지 않으셨다.

> 내가 그들을 위하여 비옵나니 내가 비옵는 것은 세상을 위함이 아니요 내게 주신 자들을 위함이니이다 그들은 아버지의 것이로소이다(요 17:9).

그분의 피는 만인을 위한 것이 아니다. 주님은 만인의 속량자로 의도되신바 없다. 주님이 당신의 구원자로 의도되지 않았다면, 어떻게 당신에게 구원이 뒤따르겠는가.

어떻게 당신이 이것을 아는가?

2. 만인에게 제시되는 구속

그러나 그리스도가 만인을 위해 의도하지 않으셨더라도, 그분은 모든 이에게 제시되신다. 따라서 그분은 당신에게도 제시되신다. 이 근거는 다음과 같다.

그리스도의 보편적 제시는 그리스도의 제사장적 직무에서 직접 생기는 것이 아니라, 그의 왕적 직무에서 생긴다. 이 점에서 아버지께서는 그리스도께 하늘과 땅의 모든 권세와 능력을 주셨으며, 모든 사람으로 그분께 엎드리도록 명하셨다. 마찬가지로 그분의 모든 제자 그리고 그분을 뒤따르는 모든 자에게 명하시기를 하늘 아래 모든 피조물에게 가서 복음을 전파하라고 하신다(마 28:18-19).

그리스도는 구세주로서 모든 인간에게 직접 자신을 주신다. 따라서 그들은 그분을 왕으로 섬기도록 고쳐된다. 그러나 먼저 왕이신 그리스도 앞에서 자신들의 무기를 버리고 그분의 홀(笏)에 절하고, 그분의 거저 주시는 긍휼에 의지하라고 명하신다.

또한, "그분이 나를 구하면, 나는 그분을 찬송할 것이요, 그분이 나를 정죄하신다 해도, 그 이름은 의로우시다"라고 인정하도록 하신다.

그러나 내가 이 권면을 확고히 하기 위해 다음 네 가지를 말한다.

1) 각 인격에의 제시

주 예수님은 개별적인 각 인격에 제시되셨다.
당신이 이것을 의심하는 이유로 뭔가 말할 것이 있는가?
당신은 아마도 이렇게 주장할지도 모른다.
"나는 나 자신이나 하나님과 그리스도, 혹은 그분의 뜻도 모른다. 주님은 나에게 그리스도를 제시하지 않으셨음이 분명하다."
아니다!

주님은 바로 당신에게 제시하신다. 당신이 흑암 가운데 누워 있을지라도 말이다. 우리의 복된 구세주는 아버지를 영화롭게 하시되, 복음의 비밀을 단순한 사람들에게 계시하시고, 또한 세상 지혜로 최고의 명성을 지닌 자들을 무시함으로 그리하신다.

재능이 부족해서 그리스도의 은혜로운 눈 밖에 있는 것은 아니다. 하나님은 여기 천하고 연약한 인격들에게 자신의 사랑의 최고 열매를 부여하신바, 이는 더 많이 육의 교만을 부끄럽게 하기 위함이었다.

주님을 선택하고 주님의 긍휼을 높이는 것이 주님 자신을 기쁘시게 하는 곳에서, 주님은 결코 그렇게 할 수 없는 것은 아니지만, 분별의 지혜를 결코 묵과하지 아니하신다.

그러나 당신은 말할 것이다.

"나는 하나님께 원수요, 완고한 심령을 가졌고 순종하기를 싫어하며, 내 허물 때문에 그분을 심령 깊이 괴롭혔습니다."

그러나 주님은 당신과 화해하기를 원하신다.

당신이 죄인이었고 하나님께 반역했다고 생각해 보자.

하지만 당신이 악한 대적들 가운데 있지만, 그분의 진리를 무너뜨리는 자로 발견되지 않는 한 절망적인 생각에 빠지지 마라.

당신은 긍휼이 풍성한 구세주를 모시고 있기 때문이다.

"그러나 나는 화해의 방편을 경멸했고 긍휼을 거절했다"고 말하더라도 하나님은 다시 돌아오라고 당신을 부르신다.

> 네가 많은 무리와 행음하고서도 내게로 돌아오려느냐(렘 3:1)

여호와의 말씀이다.

그리스도의 팔에 당신 전부를 던지라.

만일 당신이 망하더라도 거기서 망하라.

당신이 그렇게 하지 않더라도 당신은 분명 망하게 되어 있다.

긍휼이 얻어지는 그 어떤 곳이 있다면 이는 그리스도를 구함으로 말미암는 것이지 그로부터 돌아섬으로 되는 것은 아니다. 여기에서 당신을 향한 그리스도의 사랑이 나타난다. 곧 주님이 당신에게 느끼실 수 있는 정도의 어떤 심령을 주셨기 때문이다.

주님은 당신이 모든 영적 심판 가운데 가장 큰 것인 강퍅함, 안일함, 불경함에 이르기까지 당신을 포기하셨을지도 모른다. 그러나 당신의 대적을 위해 죽으신 주님은 결코 자신에게 나오려고 갈망하는 당신의 영혼을 거절하지 않으실 것이다.

탕자가 자신의 아버지께 돌아갈 때 그 아버지는 그를 앉아서 기다리지 않고 그를 만나려 마중 나갔다. 설사 우리 죄가 우리를 불쾌하게 한다 해도, 결코 우리를 해하지 못할 것이다. 대신 우리는 주님의 원하는 존재가 되기를 바라며 힘쓰므로 하나님에게서 인정받게 될 것이다 (시 145:19).

"너무 불쌍한 자, 그래서 힘도, 믿음도, 은혜도, 내 자신의 가난함에 대한 느낌도 없는 나에게 주님이 그리스도를 제시하실 수 있는가?"

그렇다. 당신에게도 분명히 제시하실 것이다.

그리스도께서 우리를 제외하지 않으시는데, 왜 당신은 자신을 제외하려 하는가?

> 수고하고 무거운 짐 진 자들아 다 내게로 오라 (마 11:28).

그러나 우리는 가난하다. 우리가 자신의 부요함을 알지 못하기 때문이다. 완전히 절망 속에 빠지는 그런 상태에 우리는 결코 있을 수 없다.

흑암에 앉아 있으며, 빛도 보지 않고 위로의 빛, 하나님의 얼굴의 빛도 보지 않는 자가 있다.

하지만 그로 주의 이름을 신뢰하게 하라.

연약함이 우리가 긍휼함을 얻지 못하도록 막지 못한다. 그렇다. 그것은 오히려 더 많이 하나님께 기울이게 한다. 남편은 아내를 더 연약한 그릇으로 짊어져야 할 것이다.

하나님이 자신의 규칙에서 자신만 면제시켜서, 자신의 연약한 신부를 감당하지 않으실 것이라 생각할 것인가?

'그러나 이 제안이 주 예수님을 사랑하지도, 귀히 여기지도, 바라지도 않는 나에게 행해진 것인가?'

그렇다. 당신에게 행해진 것이다.

그리스도는 이 경우에 우리를 어떻게 불쌍히 여길지 아신다. 우리는 연약하다. 하지만 우리는 그분의 소유이다. 아버지는 자기 자녀의 흠을 찾기보다는 그 안에 있는 자기 자신의 성품을 찾는다. 마찬가지로 그리스도는 사랑의 요소를 우리 안에 있는 그 자신의 어떤 것으로부터 찾는다.

그리스도를 향한 그리스도인의 태도는 많은 경우에 매우 공격적이며 많은 이상한 점을 야기한다. 그러나 그가 어떤 알려진 악을 기반하여 살기를 결단하지 않는다면, 그리스도는 그를 소유하실 것이요 그도 그리스도를 영접할 것이다.

'오! 나는 너무 자주 하나님에게서 떨어졌다.

하나님이 나를 빛으로 깨운 이래로 그리했다.

그래도 하나님이 나에게 그리스도를 허락하시는가?'

당신이 알아야 할 것은 그리스도께서 모든 믿는 영혼과 결혼하셨다는 점이다. 그리고 은혜의 역사가 시작되는 곳에서는 매번 새롭게 넘어질 때마다 죄가 그 힘을 잃어버린다는 점이다. 당신 안에 죄의 샘 원천이 있다면, 하나님 안에는 긍휼의 샘 원천이 있다. 또한, 그 샘은 열려 있어서 날마다 당신 안에 있는 부정함을 씻어 낸다.

아담은 (참으로) 한 번의 죄로 모든 것을 잃었다. 우리는 더 나은 언약 아래 있다. 바로 이것은 긍휼의 언약이다. 그래서 날마다 그날의 죄 때문에 아들을 통해 아버지께 가도록 격려를 받는다.

'만일 내가 그리스도를 영접하고자 했다면, 나에게 제시된 그 그리스도를 영접했을 것이다. 하지만 그리스도를 갖기를 원하지 않는 그런 자에게도 주님은 그리스도를 제시하려고 하시겠는가?'

그렇다. 주님은 이렇게 말씀하신다.

> 암탉이 그 새끼를 날개 아래 모음 같이 내가 네 자녀를 모으려 한 일이 몇 번이냐? 그러나 너희가 원치 아니하였도다(마 23:37).

우리가 알 것은 창조의 권능은 무에서 어떤 것을 이끌어 낼 뿐만 아니라 반대에서도 그 반대를 이끌어 낸다는 점이다. 우리가 비자발적인 상태에 있을지라도 하나님은 우리가 자발적 백성이 되게 하실 수 있다. 우리 위에 정결한 물을 부어 주실 것이라는 약속이 있다. 그리스도는 신부를 정결하게 하시므로 자신에게 합당한 자로 만드셨다.

이제 당신에게 그리스도를 주신 주님의 이 이상한 자비에 대해 당신은 무엇이라 변명할 수 있겠는가?

아마도 당신은 이렇게 말할지도 모른다.

'오! 나의 두려움은 때가 지났다.

내가 한때는 그리스도를 가질 수 있었으나, 이제는 내 심령이 강퍅함, 눈멀음, 불신으로 봉인되었으니 이제 때는 지나갔구나.'

아니다. 그렇지 않다. 이사야 65장 1-3절을 보라.

> 내가 종일 손을 펴서 자기 생각을 따라 옳지 않은 길을 걸어가는 패역한 백성들을 불렀나니(사 65:2).

당신의 은혜의 날, 방편의 날, 생명의 날, 하나님이 당신과 씨름하는 날, 당신을 일으키는 날은 아직도 계속된다.

'그러나 하나님이 나를 그처럼 구하기를 원하신다면, 그리고 그리스도를 아끼지 않으신다면, 왜 주님은 나에게 그리스도를 주지도, 그리스도께로 나를 이끌지도 않으시는가?'

내 답은 이렇다. 당신을 그리스도께 이끌기 위해 하신 바로 이 말씀이 여기 있다.

"오라!"

이 명령을 제외한 무슨 다른 명령을 당신은 찾고 있는가?

> 오라!
> 너희 가난하고, 버려지고, 잃어버린바 되고, 눈멀고, 저주받은 헛된 자들아. 내가 너희를 구원하며, 내가 너희를 부요하게 하며, 내가 너희를 용서하며, 내가 너희를 일깨우며, 내가 너희를 복 주며, 내가 너희에게 모든 것이 되며, 내가 너희를 위해 만사를 행할 것이다.

이 말씀이 마귀와 같은 심령을 이기고 녹이지 않겠는가?

2) 그리스도를 갖는 조건

어떤 조건 위에서 그리스도를 가질 수 있는가?

당신의 됨됨이와 당신이 그리스도 때문에 갖는 것을 그리스도의 인격과 그분이 소유하신 것과 교환하라.

그러면 그분을 취함으로(진주를 구하는 현명한 장사꾼처럼) 당신은 주님 때문에 구원받게 되리라.

이 교환은 다음과 같이 네 가지이다.

(1) 당신 자신을 주께 내어 드리라

머리, 심령, 혀, 육신, 영혼을 내어 드리라.

그러면 주님은 당신에게 자신을 내어 주실 것이다(아 6:3).

그렇다.

주님은 천국에서 당신 자리에 서실 것이요, 당신은 승리 가운데 이렇게 말할 것이다.

"나는 이미 천국에 있어 주 안에서 영화롭구나. 나는 그리스도 안에서 하나님의 복된 얼굴을 보며, 죽음, 지옥 그리고 그 안에 있는 마귀를 이겼다."

(2) 당신의 모든 죄악을 그리스도께 내어 드리라

모든 죄악을 고백하고, 죄에서 떠나며, 주 예수님 앞에 모든 죄악을 던지라. 이는 죄악을 포기하므로 주님에게서 권능을 얻기 위함이다. 주님은 당신을 위해 죄가 되실 것이요, 당신에게서 그 죄를 취해 버리실 것이다(요 1:9).

(3) 당신의 존귀, 기쁨, 이익, 생명을 그분을 위해 내어 드리라

그러면 주님은 자신의 면류관과 존귀, 생명과 모든 것을 당신에게 내어 주실 것이다(눅 18장). 어떤 것도 주 외에는 감미로운 것이 없도록 하라. 그러면 어떤 것도 당신 외에는 주께 감미로운 것이 없을 것이다.

(4) 당신의 넝마를 내어 드리고 당신 자신의 의를 그분을 위해 포기하라

주님은 자신의 모든 옷과 의를 당신에게 내어 주실 것이다(빌 3:8-9). 당신은 하나님의 면전에서 영광스럽게 설 것이니, 당신이 자신 안에서 불쌍한 뱀이 될지라도 한 천사처럼 아니 모든 천사처럼 될 것이다. 왜냐하면, 그 아들 그리스도 예수로 더불어 그분의 의를 옷 입기 때문이다.

이제 나에게 말하라.

여러분은 그리스도를 영접하고자 하는가?

주님이 당신에게 주신바 되었다.

그렇다.

당신들 모두 이렇게 대답할 것이다.

"예, 나의 온 마음으로 그렇다고 대답합니다."

그러나 당신은 이런 규정들, 즉 이런 네 가지 조건 위에서 그분을 영접하고자 하는가?

3) 그리스도를 거절하는 네 부류

(1) 경멸하는 불신자

이런 자는 그리스도가 주신바 되었다고 들었을 때 이를 행하시는 주님의 사랑에 놀라야 함에도 이를 대수롭지 않게 여기며 이렇게 말한다.

"우리는 목사들의 설교단에 벽을 쌓아야 해. 불쌍한 그들은 자신들의 생계를 위해 뭔가를 말하고 설교하는 것 뿐이지. 오늘 설교는 그래도 썩 괜찮았네. 그 목사는 좋은 뜻을 말하고자 하는 것 같은데, 내 생각에 그는 절대 큰 학자는 아니야."

그래서 그는 그리스도의 주어짐을 말하기보다는 그들의 발에 있는 지푸라기의 주어짐을 말한다. 만일 좋은 흥정이 그들에게 주어지면 그들은 이루어야 할 자신들의 일을 잊어버리려 하겠지만, 그럼에도 그들은 이 그리스도의 주어짐을 경시한다(마 22:5).

(2) 절망하는 불신자

이런 자는 자신의 죄가 너무 큰 것을 보며, 자신의 심령이 강퍅함을 느끼지만, 하나님 안에서 거의 복을 찾지 않는다. 그가 도움을 찾았을 때, 마치 가인처럼 주님의 임재에서 도망한다. 미쳐 날뛰는 사자처럼, 그는 범죄를 막는 은혜의 사슬을 끊으며, 자신의 수확물을 좇아 자신의 잔, 매춘부, 정욕 등을 좇아 포효하며 달린다.

그래서 그는 그리스도를 존귀하게 여기지 않는다. 그런 큰 죄의 치유자이신 주님을 결코 신뢰한 적이 없으며, 그런 자비를 위해 주님을 바라보지도 않으려 한다.

(3) 뻔뻔한 불신자

이런 자는 자신이 범한 죄를 보면서, 자신의 죄 때문에 어느 정도 마음속에 찔리는 반응과 슬픔으로 반응하며 그리스도를 붙든다. 그래서 그분을 통해 구원받기를 소망한다. 즉, 자신이 가장 큰 악을 범하는 죄의 짐을 지기 전에, 아니면 가장 큰 저주로 하나님의 진노가 자신에게 발하기 전에 그리스도를 붙들며, 그리스도를 영접한 것으로 소망한다. 또한, 이미 그리스도를 영접했기를 소망한다.

하지만 미래를 위해서는 그리스도께 문을 닫고 주님을 거절한다(미 3:11). 이런 사람은 자신이 하나님 앞에서 얼마나 부족한 존재인지에 대해서는 안타까워하지 않지만, 오직 자신의 연약함이나 부족한 믿음에 대해서만 한탄하는 것을 볼 수 있다.

그리고 그들은 그 때문으로 기가 죽지도 않는다. 그들은 절대로 자신들의 비참함을 말하지 않고, 자신들의 죄를 보지 않으며, 그리스도를 신뢰하지 않는다고 기죽지 않는다.

(4) 흔들리며 의심하는 불신자

이런 자는 그리스도를 영접하는 것이 좋은지 아닌지를 고민하며 의심한다. 그는 그리스도 안에 있는 어떤 선을 보고 이것 때문에 기쁨으로 주님을 자기 안에 모시려고 한다. 마치, '그러면 나는 천국과 죄 사함과 은혜를 가질 거야' 하는 것과 같다.

동시에 그는 자신이 싫어하는 많은 것을 그리스도 안에서 본다. 즉, '그러면 즐거운 만남도, 오락도, 카드와 주사위도, 쾌락과 죄 된 놀이도 안녕'해야 함을 감지하는 것이다. 따라서 이리저리 흔들리며 그리스도를 영접하는 편이 나은지 아닌지를 깨닫지 못한다(약 1:6-7). 이런 자들은 예수 그리스도를 거절한다.

4) 그리스도를 거절하는 죄

자! 와서 이 죄의 심각성을 보라.
그리스도를 거절하는 죄는 다섯 가지 점에서 위험하다.

첫째, 이는 하나님의 아들의 피를 발로 밟는 가장 큰 죄다(히 10:29).
둘째, 이는 가장 불명예스런 죄이다. 왜냐하면, 그리스도 안에 있는 순간 모든 율법을 순종하는 믿음의 첫 행위로 사람은 하나님을 영화롭게 한다. 마찬가지로 당신은 주님을 거절한 것 때문에 하나님의 모든 율법을 깨뜨리며 결국 하나님을 욕되게 하기 때문이다.
셋째, 이는 가장 배은망덕한 죄이다. 하나님의 가장 큰 사랑을 멸시하기 때문이다. 그 사랑이야말로 주님이 가장 귀하게 여기신다.
넷째, 이는 가장 변명할 수 없는 죄이다.
당신은 예수 그리스도를 대적하여 무엇을 던지려 하는가?
당신은 말할 것이다.
"오! 나의 죄는 너무 크다."
그러나 그리스도를 취하라. 그러면 그분의 피가 당신의 모든 죄를 씻어 낼 것이다.
"오! 그러나 내 심령은 강퍅하고 내 생각은 눈이 멀었나이다."
"그렇다. 그러니 나를 취하라.
내가 네 심령을 깨고 네 눈을 열어 줄 것이다."
이 새로운 심령이 하나님의 은사이다. 주님이 우리 안에 이 새로운 심령을 창조하실 것임을 약속하셨다.

"오! 그렇다면 나는 나의 모든 즐거움을 버려야만 하는데."

"그러나 그것을 버리면 너희는 모든 즐거움을 그리스도 안에서 충만하게(fully), 계속적으로(continually), 무한히(infinitely) 누릴 것이다."

"오! 하지만 나는 그리스도를 취할 수 없나이다."

"하지만 그리스도는 자신을 내어 주실 뿐만 아니라, 너희에게 그분을 영접할 손을 주신다."

다섯째, 이는 가장 무거운 죄이다. 어떤 죄가 당신을 지옥에서 이것만큼 그렇게 꼭 붙들겠는가(요 3:19). 하나님 아버지는 창조의 법을 깨는 마귀들을 치실 것이다. 하지만 하나님의 아들이 당신을 치실 것이고, 보혜사 그분께서 당신을 대적하실 것이다. 이는 당신이 구속의 방편과 제안을 멸시한 까닭이다.

마귀는 긍휼을 가질 수 없을지라도 당신은 심령의 고뇌와 아픔과 광기 때문에 생각할 수 있다.

'나는 그리스도를 영접할 수 있었어. 그분이 나에게 주신바 되었어.

긍휼이 이 완고하고 교만한 심령으로 순복하도록 했건만, 나는 얼마나 금강석 같은 바위였던가!

이것이 나에게 효과가 없었구나.

오! 피를 좇는 자가 나를 붙잡지 않도록 빨리 도피성으로 피하자.'

그렇다면 당신 자신에게서 벗어나 주 예수님께 가라.

천지는 당신을 떠나고 당신을 버렸다. 이제 오직 하나가 있으니, 당신에게 유익하고 당신의 영혼을 가엾는 슬픔에서 구출할 수 있는 길이다.

바로 예수께 가라. 그리고 그를 붙들라.

당신 자신을 구하기 위해 뻔뻔스러움이라는 당신의 손과 당신 자신에 대한 사랑으로가 아닌, 주님을 존귀하시게 하는 믿음의 손과 그분에 대한 사랑으로 하라.

3. 안일함의 위험

"나는 이미 잘 하고 있는데, 당신이 그리스도에 대해 무엇을 말하겠는가?"

이것이 이 시대의 빌어먹을 죄이다. 이 시대는 자신에게 주신바 된 그리스도를 영접했지만, 장래의 진노를 그들에게 예언하면 자신은 괜찮다고 말한다. 따라서 이들은 여기서 어떤 심판도 느끼지 않으며, 앞으로의 어떤 진노도 두려워하지 않는다. 만사가 좋기에 그들은 그리스도를 필요로 하지 않는다.

그래서 그들은 죽기까지 구원자를 결코 간절히 구하지 않는다. 사람들은 홍수가 나기 전에는 절대로 그들을 위해 예비된 방주로 가려 하지 않는다. 세상은 그들을 그런 식으로 양육한다. 그래서 그들은 집으로 오라는 부름을 받았어도 천국으로 나아가려 하지 않는다.

"그리스도께서 나를 구속하지 않으셨으며, 나를 위해 피를 쏟지 않으셨을지도 모른다.

그렇다면 왜 내가 그분께 가야 하는가?"

아마도 사실일 수 있지만 아닐 수 있다.

당신은 요엘 2장의 사람들처럼 생각해 보았는가?

> 주께서 혹시 마음과 뜻을 돌이키실지 누가 알겠는가(욜 2:14).

하나님이 오직 소수의 사람들을 택하셨음은 사실이다. 마찬가지로 독생자도 오직 그 소수를 위해 피를 쏟고 죽으셨다. 그러나 이것이 당신이 누워 "내가 도움을 위해 나 이외에 누구를 찾으리오" 하고 말하는 변명은 될 수 없다. 이 경우에도 당신은 우리 중 많은 사람이 지금 그러는 것처럼 반드시 모험을 감행하며 노력을 해야 한다.

이렇게 모험을 감행하고 노력하는 사람들은 그중 한 사람이 넘어졌다고 해도 여전히 이 도움을 찾아 나서려 할 것이다. 비록 오직 한 사람만 이를 수 있음을 알더라도 말이다.

그러니 사마리아의 네 명의 나병 환자처럼 말하라.

> 여기 죄 가운데 있어도 죽으리니 아람 군대에 항복하면 우리가 살리라(왕하 7:3-4).

우리는 죽을 수밖에 없다. 그러나 그리스도께 나아가면 긍휼을 얻을 것이다. 비록 죽을 수밖에 없어도 당신의 진흙탕보다 그리스도의 발 밑에서 죽는 편이 나을 것이다.

그러므로 당신 스스로 진행하는 빈약한 개혁이나 당신 삶의 개선만으로 만족하지 마라.

이것은 당신 자신의 치부책에 적힌 빚을 지울 뿐, 채권자의 치부책에는 아직도 그 빚이 취소되지 않고 남아 있다.

그러니 가서 이 영원한 제물인 그리스도를 취하여 하나님 아버지의 면전에 이를 드리라.

그리고 그 법정에서 죄를 고백하며 긍휼을 구하라.

당신의 속박 아래서 한숨 짓되, 모세가 이스라엘 백성에게로 보냄 받은 것처럼 그리스도가 당신 영혼에 보내지시도록 하라.

따라서 할 일 없는 상태의 모습이나 감정 속에 주저앉지 말고 말하라. "그리스도의 도움 없이는 나는 내 자신을 도울 수 없구나."

천국의 주 예수님의 도움을 위해 한탄하고 주님을 영원히 찬양하라.

비록 도움이 없었을 때라도, 주님이 돌들로도 어린아이들이 되게 하여 그들로 자신을 찬양토록 하셨을지라도, 하나님 아버지는 그 아들을 자신의 품속에서 보내어 당신을 구원하실 것이다.

이 점을 더 말할 수 있지만 여기까지만 말하겠다.

다섯 번째 영적 원리를 다음에서 다루고자 한다.

제5장

소수의 구원받은 자

구원받는 자들은 매우 적다. 구원받는 자들은 매우 많은 장애물 속에서 구원을 획득한다.

> 생명으로 인도하는 문은 좁고 길이 협착하여 찾는 자가 적음이라(마 7:14).

여기에는 두 부문이 있다.

첫째, 소수만이 구원받을 것이다. 소수만이 구원의 길을 찾는다.
둘째, 구원받는, 생명으로 나아가는 문은 좁고 길은 협착하다.

여기서 두 가지 교리가 생긴다.

1. 구원받는 자들은 적다

교리 1: 구원받을 자의 수는 매우 적다(눅 13:24)

마귀가 자신의 가축 떼를 가지고 지옥에 가는 것이 마치 벌이 그 벌집을 향해 날아가는 것과 같다. 그리스도도 자신의 양 떼를 가지신다. 그렇지만 이는 적은 무리다.

그래서 하나님의 자녀는 "특별한 소유"(말 3:17-원래는 '보석'[segoolah], KJV)라 불리는바, 보석처럼 비밀스럽게 소중히 보관된다. 따라서 그들은 이방인과 나그네로 불린다. 이는 그들이 통과하는 그 지방의 주거민에 비해 매우 소수이기 때문이다. 그들은 또한 왕의 혈통이기에 하나님의 자녀로 불리며(요일 3:2), 이는 보통의 식민(植民)에 비해 매우 적다.

다음 두 가지 면에서 이 점에 대한 진리를 보자.

1) 모든 세대를 보라

그러면 우리는 구원받은 자가 손가락으로 꼽을 수 있음을 알게 된다. 주님이 집을 관리하기 시작하시면서 그 안에 오직 두 가정이 있었는데, 피 흘리는 가인은 살았고 선한 아벨은 죽었다. 세상 인구가 늘면서 마찬가지로 악도 늘었다. 그래서 창세기 6장 12절에서 이렇게 말씀한다.

> 땅에서 모든 혈육 있는 자의 행위가 부패함이었더라(창 6:12).

수만 명의 사람 중 노아와 그 가족을 제외한 누구도 의롭지 않았고, 방주에 들어오지 않았다.

그 후 아브라함의 후손은 늘었지만 그만큼 그들의 죄가 관영함을 본다. 그의 후손이 애굽에 있을 때 바로 때문에 심한 핍박을 받은 후, 모세의 손에 이끌려 기적적으로 구출되는 많은 기적을 경험했음에도, 그들 대다수는 하나님의 진노를 샀다(히 3:11). 그들 중 오직 두 사람, 곧 갈렙과 여호수아만이 예외였고, 그들만이 천국의 모형인 가나안에 들어갔다.

솔로몬의 때를 보라.

그때는 얼마나 영광스런 때였는가!

그때 얼마나 큰 신앙고백이 있었는가!

그러나 솔로몬 사후 열 지파는 그들의 왕 여로보암의 명을 좇아 우상숭배라는 끔찍한 죄에 빠졌다.

더 나아가 이사야의 때를 보라.

수많은 희생 제물과 기도가 있었지만(사 1:11), 오직 그루터기만, 그것도 아주 적은 수의 그루터기만 남아 구원받을 수 있었다.

그리스도의 성육신 때를 보라(이때가 나는 모든 때 중 최상의 때라고 본다).

사람의 생각으로는 주님이 행하신 설교들, 주님이 일으키신 기적들, 주님이 사셨던 그런 삶 때문에 모든 유대인이 그분을 영접하는 것이 마땅했을 것이다.

그러나 성경에서 말씀한다.

> 그가 자기 땅에 오매 자기 백성이 영접지 아니하였으니(요 1:11).

얼마나 소수였는지, 그리스도께서 칭찬하신 사람은 나다나엘 한 명뿐이다.

> 보라 이는 참 이스라엘 사람이라 그 속에 간사한 것이 없도다(요 1:47).

사도 시대에는 참으로 많은 사람이 회심했지만, 상대적으로 소수였으며, 최상의 교회에서도 많은 사람이 악했다. 빌립보 교회(빌 3:18)는 많은 사람이 살았다 하는 이름은 가졌지만, 실상은 죽은 자였고, 오직 소수만이 그들의 옷을 더럽히지 않았다. 사도의 때 이후, "흉악한 이리가 들어와 그 양 떼를 아끼지 않았다"(행 20:29).

그다음 때에는 온 세상이 붉은 옷을 입은 음녀로 놀랐다.

루터 시대에 빛이 다시 일어나기 시작했으나, 그는 너무 많은 육적 복음 전파자를 목도했고, 그래서 한 설교에서 다음과 같이 기도했다.

하나님이여, 내가 불경한 세상에 임하고 있는 그런 피 흘리는 나날들을 보며 살지 않도록 허락하소서.

휴 라티머(Hugh Latimer)[1] 역시 그 당시에 너무 많은 불경함을 들었고 그래서 참으로 인류 최후의 날이 가깝다고 생각했다.

우리는 독일 팔츠 지역에서 하나님을 욕하는 자들을 듣지 않았는가?

들리는 소문으로는 그곳의 많은 사람이 영광의 복음에서 가톨릭 신자로 떨어졌으니 마치 가을 낙엽 같다.

그들이 전에는 교황을 그리도 싫어했었는데 그들 안에 그런 심령이 잠복하고 있었음을 누가 생각이나 했겠는가?

그리스도가 오실 때 그분이 이 땅에서 믿음을 보시겠는가?

2) 모든 장소와 사람을 바라보라

얼마나 적은 수가 구원받게 되는지 보라.

세상은 네 대륙으로 구분되어 유럽, 아시아, 아프리카, 그리고 아메리카가 있다. 가장 큰 세 대륙이 불경과 미신의 홍수에 잠겨 있다. 그들은 그리스도를 고백조차 하지 않는다. 우리는 이런 자들의 이마 위에 적힌 죽음의 선고를 볼 수 있다(렘 10:25).

그러나 최고의 대륙을 보라.

이는 유럽이다.

그럼에도 얼마나 적은 수만이 구원받는가?

요즈음의 그리스정교회를 보라.

콘스탄티노플의 선한 대주교가 많은 개혁을 이루었다. 하지만 현재

---

[1] 휴 라티머(Hugh Latimer, 1487-1555)는 잉글랜드국교회의 궁정 목사였으며, 가톨릭 신자인 메리 여왕 때 화형당한 옥스퍼드 순교자 삼인 중 한 사람이다(역주).

뿐만 아니라 과거부터 지금까지 구원받을 지식의 방편이 없었다. 그들은 스스로 자신들의 옛 미신에 만족하여 설교도 거의 혹은 전혀 하지 않는다.

다른 쪽, 곧 이탈리아, 스페인, 프랑스 그리고 독일을 본다면 그들 대부분이 가톨릭이다.

이런 자들의 끝을 보라(살후 2:9-12).

정직 배지를 달고 다니는 자들 가운데서 내가 들었던 것 그리고 내 마음이 다른 교회들에 대해 믿는 바를 말하지 않겠다.

우리 잉글랜드국교회를 들여다보면, 이는 세상에서 가장 번성한 교회이다. 교회는 설교자, 방편들을 어느 때보다 많이 갖고 있다. 그러나 우리는 빛 없는 어두운 등처럼 서 있는 일부 예배당과 교회를 갖고 있지 않는가.

여기서 사람들은 눈멀고 혹은 게으르고 혹은 부도덕한 목사들에 의해 인도받는다. 그래서 목사와 평신도가 같이 수렁에 떨어지고 있다. 아니면, 그들 가운데는 은혜의 방편을 가지만, 오직 적은 수만이 구원받게 될 것이다. 때로는 한 교구에서 아흔아홉 명 중 오직 한 명일 수 있다. 그리스도는 한 목사를 보내 그들 가운데 잃어버린 어떤 양을 부르신다(마 18장).

씨가 뿌려진 땅 세 곳은 나쁘고 오직 하나만이 옥토이다. 존 크리소스톰(John Chrysostom)이 안디옥 사람들에게 행한 그의 네 번째 설교에서 다음과 같이 말한 내용이 우리에게는 낯설다. 그곳은 그가 매우 사랑받았고 많은 유익을 주었던 곳이다. 그는 다음과 같이 말했다.

> 여러분은 이 성읍에서 얼마나 많은 사람이 구원받는다고 보십니까? 여러분에게 힘든 말일 수 있으나 말하고자 합니다. 이 자리에 수천 명이 있으나 구원받을 사람은 백 명이 되지 못할 것입니다. 나는 그들에 대해서도 의심합니다.

젊은이 가운데 얼마나 불한당이 많습니까?
노인에게는 얼마나 나태함이 있습니까?

나 역시 그와 마찬가지로 말하겠다.

우리가 세례를 받았다, 그리스도인이다, 그리스도를 신뢰한다 내게 말하지 마라.
오직 양 떼로부터 염소들을 분리하라.
그리고 성경이 말한 대로 행하는 자들 그리고 자신의 문에 십자가를 세우고 "주여 그들을 긍휼히 여겨 주소서"라고 말하는 자들 외에는 모두 제외시키라.
우리는 이 도시 안에서도 오직 적은 수만이 구원받는 것을 볼 것이다.

우리 가운데 있는 모든 불경건한 자들, 곧 술주정뱅이, 욕하는 자, 매춘부, 거짓말쟁이를 몰아내라. 성경은 이들을 염소로 낙인하고, 백 군데에서 정죄한다.

그리고 모든 예의 바른 사람들을 세우되, 사슬에 감긴 늑대, 길들인 마귀, 푸른 초장의 돼지는 제외하라. 그들은 빚진 것을 모두 갚고 누구에게도 해를 끼치지 않지만, 누구에게도 큰 유익을 주지 않는 자들이다. 그들은 자신을 변호하여 이렇게 말한다.

"내 눈이 검다고 누가 말할 수 있느냐?"

이들은 의인이다. 그리스도는 그들을 부르러 오신 것이 아니다.

내가 의인을 부르러 온 것이 아니요 죄인을 불러 회개시키러 왔노라(눅 5:32).

또한, 모든 위선자를 몰아내라.
그들은 연극배우처럼 사람들의 앞에서 왕과 정직한 자 역할을 한다. 분장실(tiring house)에서 그들을 바라보라. 그러면 그들은 오직 천한 망나

니일 뿐이다.

형식적인 신앙고백자들과 육적 복음주의자들을 몰아내라.

이들은 믿음이나 슬픔, 진정한 회개나 선한 욕망과 유사한 것을 갖지만, 그것들은 오직 그림에 불과하다. 이들은 타인들뿐만 아니라 자신도 속인다(딤후 3:5).

2. 권면

이런 네 부류의 사람 때문에 얼마나 적은 수만이 구원을 받게 되는가? 심지어 그들 중에 모태신앙인도 있다.

1) 특별하다고 기죽지 말라

당신이 다른 이들보다 현명하다고 생각하는가?

목사들의 말처럼 귀한 자를 제외하고는 누구도 구원받을 수 없다고 생각하는가?

당신은 남들보다 더 현명해서 당신 이외에는 누구도 천국에 갈 수 없다고 생각하는가?

다시 말하건대, 당신이 구원받기를 원한다면, 분당(分黨)이 아니라 양심에서 특별한(singular) 사람이 되어야 한다(행 24:16).

2) 소수만 구원받는다는 견해를 가진 모든 자에게 공포(terror)라는 문제가 있다

그들은 그 말 때문에 죄의 위험을 확신할 때 피난처로 날아간다. 즉, 내가 정죄를 받는다면 나보다 더 죄인인 다른 많은 사람에게도 화가 임할 것이라는 생각으로 피한다. 이런 생각은 마치 대부분의 사람이 정죄받지 말아야 한다는 것과 같다.

그러나 아니다. 교회 안에서 살고 있는 그들 대부분은 멸망할 것이다. 데오도레트(Theodoret)가 언급한 대로, 공포가 어떤 은둔자를 황무한 광야의 작은 방에서 15년간 살게 만들었다. 그는 빵과 물 외에는 아무것도 먹지 않고 살면서 슬픔 가운데 자신이 구원받을 수 있는지 아닌지를 의심했다.

하나님의 진노는 너무 가혹하여 하루도 견딜 수 없다. 이것은 믿는다 생각하고, 구원을 의심하지 않으며, 따라서 죽음을 두려워하지 않는다고 말하는 사람에게 권면을 준다.

3) 당신의 처지를 의심하고 두려워함을 배우라

당신이 구원받으리라는 어떤 확신을 갖기 전까지는 스스로 잠잠할 수 없을 정도로 이를 두려워하라.

그리스도께서 제자들에게 그들 중 하나가 자신을 배반하리라고 말씀하시자, 모두 "주여, 내니이까"라고 물었다.

하지만 주님이 그들 중 한 명을 제외한 열한 명이 자신을 배반하리라 말씀하셨다면, 그들 모두는 "그 사람이 바로 저입니다"라고 하나같이 결론 내려 하지 않았을까?

만일 주님이 "오직 적은 수만이 정죄를 받으리라"라고 말씀하셨다면, 모든 사람이 "아마 나일지도 모른다"고 할 정도로만 두려워할 것이다.

하지만 이제 주님은 대부분이 정죄받을 것이라고 말씀하신다. 이에 모든 자가 부르짖으며 "틀림없이 나야"라고 말할 것이다. 이들은 겸비한 심령이 아니다. 오직 많은 찌르는 듯한 두려움으로 이리저리 흔들리는 자들일 뿐이다.

뻔뻔하고 철면피처럼 얼굴을 두껍게 가린 세대가 있으니, 스스로 자신을 마치 바리새파 유대인 같다고 여긴다(바리새파 유대인들은 매우 거룩하고 엄격했다). 그리고 하나님이 세상에서 오직 두 사람만 구원하신다면 그들 중 하나는 자신이라 여긴다. 진정으로 하나님의 자녀는 사자처럼 용맹하지만, 자신의 영원한 복에 대한 확신은 오직 하나님의 영과 약속을 소유함을 통해서일 뿐이다.

하지만 말하건대, 여러 부류의 사람이 이 점을 증명할 건전한 근거를 갖지 못하면서 자신들은 구원받을 것이라고 끈질기게 변호한다.

이 확신에 찬 코메디 같은 말은 우리의 옛 신앙고백자들 대부분을 분노하게 한다. 왜냐하면, 그들은 자신들이 오랫동안 좋은 믿음의 소유자였는데도 불구하고, 다시 선행을 시작해야 한다는 것, 그래서 새롭게 이 구원의 기초를 놓아야 한다는 것을 생각하며 그러기에는 자신들이 너무 뒤쳐져 있다고 여기는 것이 정말 웃기는 것이라고 생각하기 때문이다.

마귀가 고난을 주지 않는 이들 중에는 이들뿐 아니라 여러 부류의 사람이 있다. 왜냐하면, 마귀는 이미 그들에 대해 확신을 가지고 그들의 귀에 대고 평강을 외치므로 그들의 양심은 그들을 결코 괴롭게 하지 않기 때문이다. 그들은 자신의 눈을 닫은 채 자고 있고, 하나님이 자신들을 긍휼히 여기실 것이며 앞으로도 그리하실 것이라 꿈꾸며 잔다. 하지만 그들은 미혹되고 있음을 보지 않는바, 그들 귀 주변에서 타는 지옥의 불꽃으로 깨어나기 전까지는 그렇다.

또한, 세상도 그들을 결코 괴롭게 하지 않는다. 그들은 심령 속에 이 세상에 대한 욕망을 품고 있다. 이것이 그들이 세상과는 친구이지만 하나님과는 원수가 되는 이유이다.

그리고 목사들도 결코 그들을 괴롭게 하지 않는다. 왜냐하면, 그들 주변에 있는 목사들 중에도 그들을 괴롭게 하기에 합당한 자가 없으며, 혹은 합당한 자가 있을지라도, 그들은 교회 안에 앉아 잠자면서, 그가 주님을 믿을 것인가를 계산하고 있을 뿐이기 때문이다.

또한, 친구들도 그들을 괴롭게 하지 않는다. 왜냐하면, 행여나 그들을 기분 나쁘게 할까 두려운 까닭이다.

하나님도 그들을 괴롭게 하지 않으신다. 왜냐하면, 이후에 그 심판의 때가 오기 때문이다.

이 한 가지 진리, 이것을 잘 숙고하고 생각하다면, 이것이 당신의 심령을 적시고, 양심을 얼굴 앞에 드러나도록 하여, "당신이 그 사람이라"(삼하 12:7)라고 말하게 할 것이다. 그렇게 확신한다면, 아마도 당신 자신 안에서보다 지옥 안에서가 더 나을 것이다.

그러므로 내게 말하라.

무엇을 가지고 당신이 구원받으리라 스스로 말하는가?

> 네가 말하기를 나는 부자라 부요하여 부족한 것이 없다 하나 네 곤고한 것과 가련한 것과 가난한 것과 눈먼 것과 벌거벗은 것을 알지 못하는도다(계 3:17).

이런 자들보다 어떤 점에서 당신이 더 거룩한 삶을 살았다고 생각하는가?

아마도 당신은 이처럼 말할 것이다.

"나는 한때 그 안에서 살았던 죄에서 떠났고, 이제 술주정뱅이도 아니며, 욕쟁이, 거짓말쟁이도 아니다."

나는 이렇게 대답한다.

"당신은 진창(세상의 오염)에서 벗어나 씻어질 수 있지만, 하나님의 회계상으로는 돼지에 불과하다(벧후 2:20). 당신은 책망 없는, 순진한, 정직한, 부드러운 삶을 살 수 있으나, 아직도 비참한 피조물에 불과하다(빌 3:6)."

4) 반대와 대답

[반대 1]
하지만 나는 기도한다. 그것도 자주 한다.

[대답 1]
당신은 기도를 할 수는 있으나, 아직도 결코 구원받지 않았다(사 1:11). 당신의 수많은 희생 제물은 무엇을 위함인가?
당신이 생각한 것처럼, 많은 감정으로, 좋은 심령으로 기도할 수 있다. 하지만 구원에서는 천 마일이나 떨어져 있다(잠 1:28).

[반대 2]
하지만 나는 기도뿐만 아니라 금식도 한다.

[대답 2]
서기관들과 바리새인들도 그렇게 했다. 심지어 일주일에 두 번씩이나 그리했으니, 이는 보여 주기가 아닌 은밀한 금식일 수 있었다. 하지만 이 의로움이 그들을 구원할 수는 없었다.

[반대 3]
하지만 나는 하나님의 말씀을 듣고, 거룩한 설교자들을 좋아한다.

[대답 3]
당신도 이것을 할 수 있지만, 결코 구원을 받을 수 없다. 당신은 그처럼 듣고 또 듣는 가운데 많은 즐거움과 위로를 받을 수 있으며, 그리스도를 믿고 그분을 붙들 수 있고, 주님이 당신의 하나님이라고 말하고 생각할 수 있다. 하지만 구원받을 수는 없다. 마치 돌밭이 그러하듯이(마

13장), 그들은 기쁨으로 말씀을 들었고, 한동안 믿었을 뿐이다.

[반대 4]
나는 가끔 성경도 읽는다.

[대답 4]
당신도 이것을 할 수 있지만, 결코 구원받을 수는 없다. 바리새인들은 성경을 읽음에 있어 완벽했다. 그들에게 그리스도가 필요했으나, 그들은 "이는 옛적부터 말해졌던 바이다"라고 말할 뿐이었다. 그들은 성경 구절과 그 역할을 분명하게 충분히 잘 알았기 때문이다.

[반대 5]
그러나 나는 나의 지나간 죄 때문에 슬퍼하고 자괴하며 회개한다.

[대답 5]
가룟 유다도 그러했다(마 27:3). 그 자신도 지옥의 두려움 때문에 그리고 그리스도를 친근하게 대하지 않았던 자연스런 슬픔, 단순히 피뿐만 아니라 무죄한 피(innocent blood)를 배반한 것 때문에 합법적 회개만을 한다. 참된 심비는 심령의 변화를 동반하기 마련이다.

[반대 6]
오! 그러나 나는 선한 사람들과 그런 동료를 사랑한다.

[대답 6]
다섯 명의 미련한 처녀도 마찬가지로 동료를 사랑했고, (어려울 때에도) 슬기로운 자들이 가진 그 기름과 은혜도 사랑했다. 그러나 그들은 긍휼의 문 밖으로 쫓겨났다.

[반대 7]

하지만 하나님은 나에게 남들보다 혹은 한때 나 자신이 가졌던 것보다 더 많은 지식을 주셨다.

[대답 7]

당신이 이런 지식을 가지고 있고 남들을 가르칠 수 있으며, 자신에 대해 그리 생각할 수 있어도 결코 구원받을 수는 없다.

[반대 8]

나는 주일은 꼭 지킨다.

[대답 8]

유대인들도 그리했다. 하지만 그리스도는 그들을 정죄하셨고 그들은 결코 구원받지 못했다.

[반대 9]

나는 천국에 가고자 많은 선한 욕망을 가지고 노력한다.

[대답 9]

당신과 수천만 명의 사람이 이런 욕망과 노력을 가질 수 있다. 하지만 천국에 이를 수는 없을 것이다. 많은 사람이 좁은 문에 들어가기를 구한다. 하지만 그리할 수는 없다.

사실 당신은 말할 것이다.

"많은 사람이 많은 의무를 행한다. 하지만 어떤 생명이나 열심은 없이 말이다. 나는 열심을 가지고 있다."

당연히 당신도 그리할 수 있다. 하지만 결코 구원받지는 못한다. 예후처럼 말이다.

바울도 자신이 바리새인이었을 때 열심이었다. 만일 그가 거짓 종교와 나쁜 뜻을 위해 그리했다면, 분명 당신은 훨씬 더 선한 뜻으로 그리할 수 있다.

그 열심은 악인에게 있는 외람됨에 반대하는 부르짖음일 뿐 아니라 남들의 시민적 정직함과 남들의 위선 그리고 심지어는 가장 거룩한 하나님 백성이 가진 차가움일 수 있다.

당신은 팀 안에서 선두가 될 수 있고, 가장 경건한 사람들 가운데서 좋은 운동의 주도자가 되어 그들로 이에 매진하도록 힘쓸 수도 있다. 마치 악한 왕 요아스가 성전을 수리해야 하는 자신의 관리들의 태만을 책망했던 것처럼 말이다.

또한, 당신은 더 나아가 박해를 받을 수 있고, 한 걸음도 양보하지 않고, 물고문에도 기죽지 않으며, 남자답게 또한 용감하게 핍박의 때에도 이를 주장할 수 있으나, 이는 마치 가시밭의 경우와 같다.

당신이 그처럼 열심을 내서 가장 열심인 설교자들을 좋아하고 그 무리에 끼어 사람들의 양심을 잘 탐구하더라도, 이는 마치 유대의 모든 사람이 세례 요한의 사역에 모여들고 한동안 그의 말 듣기를 기뻐했던 것과 같다.

또한, 당신은 이 모든 것을 행함으로 감미로운 즐거움을 가질 만큼 열심일 수 있다.

> 그들이 의로운 판단을 내게 구하며 하나님과 가까이 하기를 즐거워하는도다 (사 58:2).

하지만 그들은 천국에 이르지 못한다(사 58:2-3).

[반대 10]

하지만 많은 사람이 장대를 타지만 마지막에는 그들의 목이 부러진다. 많은 사람이 열심을 가지나, 그들의 불은 곧 꺼지며 열심도 곧 사라진다. 그들은 끝까지 붙들지 않지만, 나는 꾸준하며, 경건의 삶을 인내한다.

[대답 10]

마찬가지로 젊은 관원도 그리했다. 그러나 그는 은혜가 없는 자였다.

이 모든 것을 내가 지키었사오니 아직도 무엇이 부족하니이까?(마 19:20).

[반대 11]

위선자도 인내할 수 있음은 사실이다. 결국에는 자신이 아무것도 아닌 것을 알지만, 그처럼 남을 속인다. 하지만 나는 하나님에 대한 좋은 마음을 가지고 매사를 행하여 왔다. 그래서 하나님의 은혜 가운데 그리고 안전하고 행복한 처지에 머물고 있다고 확신한다.

[대답 11]

당신이 정말 자신에 대해 이처럼 여길 수는 있으나, 미혹을 받고 정죄를 받아 결국에는 마귀에게로 갈 수 있다.

어떤 길은 사람이 보기에 바르나 필경은 사망의 길이니라(잠 14:12).

솔로몬의 말이다.

그는 외식하는 자로 자신이 갖지 않은 것에 대해 그럴듯한 외적 모습을 보이며, 실제로 있지 않은 것에 대해 진실인 것 같은 모습을 보여 주었다. 위선자는 오직 남을 속인다. 반면, 믿음을 가졌다 하는 자는 어떤 내적이고 신앙적인 일을 행하므로 자기 자신까지 속인다. 누구든지 스스로 경건하다 생각하면(많은 사람이 이 같으며, 마찬가지로 세상을 속인다), 자기 마음을 속이는 것이다(약 1:26).

당신은 매우 괜찮게 행할 수 있고, 정직하게 살 수 있다. 그래서 모든 경건한 그리스도인이 당신을 좋게 생각하고 의심하지 않으며, 그래서 인정할 수는 있다.

하지만 당신은 미혹된 위로(deluded comfort) 때문에 죽을 수 있다. 그 위로는 자신이 천국에 갈 수 있다는 것, 장례 설교에서 성도로 공표되리라는 것, 그리고 그들은 당신이 가짜임을 모른다는 것이다. 이것은 주님이 엄중한 최종 조사에서 결국 당신에게 "내게서 떠나라, 저주받은 자여"라는 그 두려운 선고를 하시기 전까지 그럴 것이다.

이것은 다섯 명의 미련한 처녀에게도 마찬가지였다. 그들은 슬기로운 처녀들에 의해서도, 자신들에 의해서도 밝혀지지 않았다. 오직 은혜의 문이 그들에게 닫힌 후에야 밝혀졌다.

그러므로 당신이 자신을 위해 보일 더 나은 증거, 즉 당신의 처지가 이것들보다 좋다는 증거를 갖지 않는다면, 구원에 대한 당신의 알량한 거짓 소망을 향해 정조준하지 않겠다.

하지만 아마도 당신은 이 지경에 이르지는 않았을 것이다.

만일 그렇지 않았다면, 주여, 당신은 어찌 될까?

당신 자신을 많이 의심하라.

그리고 영혼의 난파선 가운데 수천만 명이 가라앉음을 보거든 부르짖으며 결론을 내라,

만일 당신이 무사히 해안가에 이른다면, "이는 기적 중의 기적이다. 수백만 중에 하나구나"라고 말하라.

그렇다.

오! 그러니 구원을 받게 되는 그들 중 하나가 되도록 힘쓰라.

이것이 당신의 피 그리고 당신이 가진 모든 것을 잃어버리는 대가까

지 지불하게 만들더라도 말이다.

매우 멀리 전진해 나갔으나 결국에는 멸망한 그런 모든 자를 뛰어넘어 갈 수 있도록 노력하라.

그리고 오직 적은 수만이 구원받음을 보면서 나의 모든 노력이 헛될 수도 있겠다고 여기면서, 이것이 내가 구하는 일을 기죽게 한다고 말하지 마라.

그리스도께서 여기서 구원받는 것에 대해 또 다른 그리고 더 나은 방법을 만들고 계심을 생각하라.

들어가기를 구해도 못하는 자가 많을 것임을 알고 좁은 문으로 들어가기를 힘쓰라(눅 13:24).

주님의 말씀이다.

적어도 도전해 보며 주님이 당신을 위해 행하실 것임을 시도해 보라.

3. 거듭나지 않은 자들

하나님의 자녀가 매우 멀리 갔던 이런 위선자들을 어떤 점에서 뛰어넘으며 또한 나도 어떻게 그리할 수 있는가?

원칙적으로 세 가지 점에서 그러하다.

1) 어떤 한 가지 죄 혹은 다른 죄(은밀하든 공개적이든 간에 그리고 작든 크든 간에) 가운데 살아간다고 해서 중생하지 못한 자는 아니다

유다는 멀리 갔다. 하지만 그는 질투심이 있는 자였다. 헤롯도 멀리 갔다. 하지만 그는 헤로디아를 사랑했다. 개에게는 개 집이 있고, 돼지에게는 구정물이 있듯, 악인에게는 정욕이 있는 법이다.

중생하지 않은 사람은 하나님을 기쁘시게 할 열매를 갖지 못하며, 그의 심령에는 충만감을 주는 어떤 선함도 없다. 그 선함은 오직 모든 선의 원천이신 하나님에게서만 발견될 뿐이다. 피조물 안에 있는 선이란 겨우 빗물통에서 발견되는 것 정도이다.

따라서 하나님 안에서 온전한 만족을 잃어버린 자는 피조물 안에서 만족을 찾고 그것으로 먹는다. 그 피조물이 그에게 신이 된다. 여기에 그의 정욕이나 죄가 있어 그는 거기에서 살아가야만 된다.

그러므로 매우 멀리 간 자들, 또 좋은 은을 구하기 위해 돈을 모으며, 선한 욕망을 가졌다고 자처하는 자들에게 물어보라.

정말 그들이 어떤 죄도 없는지 그들에게 물어보라.

그들은 이렇게 말할 것이다.

"누가 죄 없이 살 수 있는가?"

그러면서 그들은 죄에 길을 따라 죄 가운데 살아간다.

보통 위선자의 모든 의무, 기도, 보살핌과 열심은 어떤 정욕을 감추기 위한 것이다. 마치 잠언의 음녀가 그녀의 입을 닦고 성전에 나아가 자신의 맹세에 값을 지불하는 것처럼 말이다. 혹은 예후가 자기 욕심을 위해 그저 자기 나라를 얻기 위해 바알을 대적하는 열심을 내는 것처럼 말이다.

위선자 속에는 쓴 뿌리가 있다. 비록 질병이나 양심의 공포 때문에 때로는 쓴뿌리의 한 가닥이 잘릴지라도, 다시 말해 그가 다시는 죄를 범하지 않겠다는 뜻을 가질지라도 그 뿌리는 은밀하게 숨어 있다. 비록 말씀이나 기도, 외적 십자가, 혹은 하나님의 손이 임하는 동안에는 이것이 묶이고 정복되는 것처럼 보일지라도, 그것의 내적 권세와 능력은 계속 남아 있다.

따라서 강한 바리새인처럼 시험이 다시금 이런 자에게 임하면, 그는 모든 맹세, 약속, 하나님의 결박을 끊고, 다시 죄의 길을 따른다.

2) 중생하지 못한 자는 한 번도 심령이 가난하게 되지 않으며, 그래서 모든 의무에서 벗어나 그리스도께 나아가지 않는다

만일 그들이 영원히 모든 죄를 버리고, 영원히 죄에서 벗어나는 것이 가능했다면, 여기서 그들은 서기관들과 바리새인들처럼 했을 것이다. 그래서 회심 전에 열심을 내던 바울처럼 그들은 금식하고 기도하고 안식일을 지키지만, 율법적 의 가운데 그리고 이런 것들과 또한 비슷한 의무들을 행하며 그 안에서 안주한다.

자신에 대한 하나님 사랑을 가장 강력하게 설득하는 최고 위선자를 예로 들라. 그리고 그에게 왜 구원받기를 소망하는지를 물어보라.

그는 이렇게 답할 것이다.

"나는 기도하고, 읽고, 듣고, 선한 자들을 사랑하고, 시대의 죄로부터 벗어나기를 부르짖는다."

그러면 그에게 다시금 물어보라,

"위선자도 이런 사다리를 올라갈 수 있으며 또한 멀리 갈 수 있는가?"

그는 대답할 것이다.

"참으로 당연하다."

하지만 그들은 건전한 심령으로 해야 할 것을 하지 않고 사람들에게서 보이는 것을 한다.

이제 이런 자들이 자신 안에서 그리고 그들의 행위들에서 어떻게 선한 마음을 느끼는지를 주목하라.

선함이 전혀 없음을 느끼는 것은 가난한 심령의 자연스러운 반응인데, 위선자는 이것을 느끼지 않는다. 이 점에서 많이 부족하다(사 66:2).

하나님을 경배하기 위해 성전으로 나오는 자들 중에 다양한 위선자가 있다. 하지만 하나님은 이들을 미워하신다. 왜냐하면, 그들의 심령이 가난하지 않기 때문이다. 그들에게는 오직 "주가 보시리라"(개역개정-"내가 권고하려니와")라는 선포뿐이다.

나는 많은 신앙고백자를 보아 왔다. 그들은 모든 선한 의무을 위해 적극적으로 앞장선다. 하지만 그리스도에 대해 무지하여 키질로 걸러지는 가라지들과 같다. 만일 어떤 사람이(소수가 그러하듯) 그리스도를 모르면, 자신의 의무들 가운데 안주한다. 왜냐하면, 자신이 구원받기 위해서는 마음에 영접해야 할 그리스도를 알지 못하기 때문이다.

나는 어떤 사람의 말을 들었다. 그는 심판받아 죽게 되어도 휘파람 부는 재주로 교수형을 피해 구출될 수 있다고 생각했다는 것이다. 이와 같이 사람은 자신이 가진 지식의 은사, 기억력의 은사, 그리고 기도의 은사로 구원받기를 찾는다.

하지만 그들이 자신의 죄 때문에 죽어야 함을 볼 때 이것이 많은 영혼의 파멸이다. 비록 자신이 애굽과 자신의 죄 그리고 거기서의 육적 식물을 버릴지라도 그리고 이전과 같지 않으려고 할지라도, 그는 결코 가나안에 이를 수 없으며, 많은 의무의 광야에서 자신과 그 영혼을 잃어버리고 거기서 망하게 된다.

3) 설령 거듭나지 않은 사람이 그리스도께 나온다 해도 그는 그리스도께 속할 수 없다

예수 그리스도 안에서만 영원히 거하고 안식하려 하지 않기 때문이다 (히 4:4). 가룟 유다가 그리스도를 좇음은 돈 때문이었다. 그는 돈과 그리스도를 함께 소유하려 했다. 젊은 관원이 그리스도께 와서 그분의 제자가 되고자 했다. 하지만 그는 그리스도와 세상을 함께 가지려 했다.

그들은 그리스도만으로, 아니면 세상만으로 만족하려 하지 않는다. 그들은 양자에게서 자신들의 유익을 얻고자 한다. 마치 창녀 같은 아내가 남편과 다른 남자 모두에게서 쾌락을 얻으려는 것과 같다.

양심의 고통 가운데 있는 사람이 만일 그리스도로부터 위로를 얻으면 그는 만족한다. 만일 그리스도 때문에 지옥에서 구원받는다면, 그는 만족한다. 하지만 그리스도 자신만으로 만족하지 않는다. 이처럼 위선자는 멀리 가지 못한다.

여기까지가 본문에서 관찰되는 첫 번째 교리다.

이제 두 번째로 나아간다.

4. 구원받음의 지난성(至難性)

교리 2: 구원받음은 놀랍도록 어려운 일이다.

좁은 문으로 들어가려면 땀 흘리는 수고가 필요하다. 들어간다는 것은 어렵다. 마찬가지로 구원의 과정도 어렵다. 예수 그리스도는 수고하지 않고는 얻지 못한다. 구원을 바라고 소망하는 것이 사람을 천국에 데려다 주지 않는다.

지옥의 입은 좋은 소원으로 가득하다. 어떤 설교에 눈물 한 방울 흘리거나 아니면 모퉁이에서 가끔씩 엉엉 울며 기도로 말하고, 당신의 죄를 고백하며 하나님께 긍휼을 부르짖는 것이 당신을 구원하지 않는다. "주여, 우리에게 긍휼을 베푸소서"라는 기도가 당신에게 유익이 되는 것도 아니다. 빠지지 않고 교회에 출석하는 것도 마찬가지다.

이런 것들은 쉬운 일들이다.

반면, 구원받는 것은 힘든 일이다. 놀랍도록 어려운 일이다(벧전 4:18). 따라서 천국 가는 길은 경주에 비유된다. 여기서 사람은 그의 힘을 다하고 모든 사지를 펼쳐서 모든 것을 내보여야 한다.

또한, 그리스도인의 삶은 씨름에 비견된다(엡 6:12). 지옥의 모든 책략과 권능은 그리스도인을 단단히 옥죄는 것이다. 그러므로 그는 자신을 돌아보아야 한다. 그렇지 않는다면 넘어지게 된다.

그래서 그의 삶은 싸움에 비유된다(딤후 4:7). 사람은 마귀, 세상, 자신과 대적하여 싸워야 하는 것이다. 왜냐하면, 이것들이 독이 묻은 화살을 영혼을 향해 쏘기 때문이다. 이것 때문에 사람은 죽임을 당하거나 타인을 죽이게 된다.

하나님은 결코 그리스도에 이르는 길을 비단길로 만들지 않으셨으며 등심초를 심어 놓지도 않으셨다. 또한, 사람 안에 나태한 기질을 키우지도 아니하실 것이기에 그리스도와 천국을 그들의 입술로 고백한다거나 누가 그 책무를 어느 정도 견딘다고 해서 구원받게 하지 않으실 것이다.

만일 그리스도가 몇 가지 의미 없는 소원과 게으른 욕망으로 얻을 수 있는 분이라면, 그분은 가치 없는 분이 될 것이며, 사람들은 "쉽게 왔다가 쉽게 떠난다"고 말할 것이다.

참으로 그리스도의 멍에는 그 자체로는 쉽다. 하지만 사람이 그리스도께 이르면, 그리 달콤하지 않다. 육적이고 아둔한 심령이 이 멍에를 매고 끌고 가는 것은 어렵기 때문이다.

5. 네 가지 좁은 문

좁은 문이 네 가지가 있으니, 이는 누구나 천국에 들어가기 전에 통과해야 하는 문이다.

1) 겸비(humiliation)라는 좁은 문

하나님은 먼저 사람들을 겸비하게 만들지 않고는 누구도 구원하지 않으신다. 지금 지옥의 문과 불꽃을 통과하는 것은 어렵다. 막대기처럼 너무 뻣뻣한 심령은 굽히지 않기 때문이다. 돌처럼 굳은 심령은 어떤 찔림에도 피 흘리지 않는다. 어떤 죄에 대해서도 신음하지 않는다. 평생에

잠깐이라도 신음하지 않는다.

사람이 자신이 죄에 짓눌리고 죽기까지 압박당해서 더 이상 죄를 사랑하지 않음은 물론, 자신의 생명처럼 한때 사랑했던 죄의 면상에 침을 뱉는다는 것은 너무나 어려운 일이다.

눈물 한두 방울 흘리는 것이나 설교에 대한 갈급함을 가지기는 쉽다. 하지만 죄 때문에 또한 죄에서 만들어진 마음이 찢어지는 것, 이것이 진정한 겸비이다. 이것은 어렵다.

2) 믿음(faith)이라는 좁은 문(엡 1:19)

그리스도를 믿는 척하기는 쉽다. 하지만 그리스도를 믿는 것은 어렵다. 한 번도 겸비한 적이 없는 자가 믿고, "오직 믿음입니다"라고 말하는 것은 쉽다. 하지만 겸비한 자에게 이것은 어려운 일이다.

왜냐하면, 자신, 마귀 그리고 양심 앞에 자신의 모든 죄가 줄지어 있고, 그 죄가 자신에게 소리치고, 자신을 대적하여 부르짖기 때문이다. 또한, 자신에게 낯을 찡그리시는 하나님을 볼 때, 하나님 아버지를 부르는 것은 어려운 일이다.

가룟 유다는 믿기보다 목매어 죽는 편을 선택했다. 우리가 죄 때문에 심령의 슬픔에 휩싸이면 반석이신 그리스도를 보는 것이 어렵다. 수만 가지 진주로 충만한 세상보다 그리스도를 더 귀하게 여기는 것은 어렵다.

그리스도를 바라보는 것은 어렵다. 하지만 그리스도 외에는 어떤 것도 아무것도 아니다. 하루 종일 그리스도를 따르는 것, 그리고 그분이 우리 팔에 안길 때까지 계속해서 부르짖는 것은 어렵다. 주 예수님을 안은 채, "주재여, 이제는 말씀하신 대로 종을 평안히 놓아주시는도다"(눅 2:29)라고 말하는 시므온이 되는 것은 어렵다.

3) 회개(repentance)라는 좁은 문

사람은 자신이 죄인이라고 고백하는 것, 그리고 다음의 때까지 하나님께 용서를 구하여 부르짖는 것은 쉬운 일이다. 하지만 비탄스런 슬픔으로 모든 죄에서 돌이키며, 하나님과 하나님의 모든 행사로 되돌아가는 것, 이것은 참으로 진정한 회개이다. 그러나 이것은 어렵다.

4) 마귀, 세상 그리고 자아와 맞서 싸우는 좁은 문

이것들이 사람을 무너뜨린다. 특히, 그리스도와 천국을 바라보기 시작할 때부터 싸움은 시작된다.
따라서 천국에 이르는 모든 쉬운 길은 거짓된 길임을 배우라.
비록 목사들이 강단에서 이를 설교하고, 천사들이 하늘에서 이를 공표할지라도 그리하라.

6. 지옥에 이르는 길

천국에 이르는 아홉 가지 쉬운 길이 있다. 하지만 실상은 모두 지옥으로 인도하는 길이다.

1) 보통이라는 넓은 길(common broad way)

여기에는 전 교구가 해당할 수 있다.
이런 자들에게 정죄받을 것이라고 말하라.
그러면 그들의 답은 이렇다.
"내가 정죄받을 정도라면, 더 많은 사람에게 화가 미칠 것입니다."

2) 시민 교육(civil education)이라는 길

이로써 많은 야성적 본능이 조금씩 길들여진다. 마치 늑대가 새끼일 때 목걸이를 쉽게 거는 것과 같다.

3) 좋은 소원(good wishes)이라는 발람의 길

이로써 많은 사람이 자신의 무지, 건망증 그리고 자신이 남들처럼 할 수 없음을 고백하려 하지만, 그들은 자신의 심령이 선하며 자기 편이신 하나님이 죽은 자의 뜻을 받아 주심을(그들의 말이다) 하나님께 감사한다.

> 내 아들아 네 마음을 내게 주라(잠 23:26).

심령은 모든 것 중의 모든 것이기에, 그들은 충분히 잘 되기를 갈망한다. 불쌍하고 미혹된 피조물은 죄, 마귀, 시험의 군대를 깨뜨려 나아가고, 몇 가지 선한 소원으로 바로 그 천국 문을 깨뜨려서 활짝 열 수 있다고 생각한다. 그들은 다리가 없어도 여행 목적지에 이를 수 있다고 생각한다. 왜냐하면, 하나님께서 그들의 심령이 너무 선하다고 여기신다고 생각하기 때문이다.

4) 형식(formality)이라는 길

사람들은 내적 생명 없이도 대부분 혹은 모든 외적 의무를 행함으로써 안식할 수 있다(막 11:14). 모든 사람은 어느 정도 종교를 가져야 하고, 어느 정도 무화과 잎으로 자신의 벌거벗음을 가리워야 한다.

하지만 이런 종교는 참된 종교가 아니라 거짓 종교들 중 하나일 것이다. 만일 참된 종교라면, 그는 그것의 능력을 얻든지(하지만 그는 이것이 번거롭기 때문에 그렇게 하지 않을 것이다) 아니면 그 형식을 취하든지 해야 한다. 형식을 취하는 것이 쉽다. 그래서 그는 형식을 취하는 것을 자신의 하나님처럼 끌어안을 것이다. 따라서 신앙생활에 대한 책망을 받기보다는 차라리 자기 목숨을 내버리려 할 것이다.

형식적 종교가 세상에서 가장 쉬운 종교이다. 부분적으로 이것은 양심의 고통을 덜어 주며, "너는 죄를 지었고 그래서 하나님이 언짢아 하신다"고 말하는 양심을 잠잠하게 하기 때문이다.

책을 읽으라.

기도하라.

당신의 양심을 잃지 마라.

그리고 당신의 성경을 늘 지녀라.

이제 양심은 종교 형식에 매료되어 잠잠하게 된다. 마치, 거룩한 물 때문에 마귀가 쫓겨나간 것처럼 말이다(이것은 그들의 말이다).

역시 부분적으로는 종교 형식이 사람들에게 체면을 세워 준다. 이는 그 자체가 쉽기 때문이다. 이는 가벼운 태도에 속하며 종교 본질의 그림자 사진일 뿐이다.

지금처럼 교회에 다니는 것이 얼마나 쉬운 일인가!

그들은 적어도 겉보기에는 한 시간 이상을 매우 집중하여 듣는다. 그런 다음, 증거를 조사하지만 결국 책을 덮는다. 이런 점이 형식이다.

이제는 토요일 밤과 안식일 아침을 보내면서 등잔을 손질하고 심령에 기름을 부어 다음날 신랑을 만나라.

말씀 안에서 주님을 만나며 또한 거기서 하나님의 목소리에 몸을 떨고, 말씀이 열릴 때 주님의 성령을 가까이 하라.

말씀이 끝나면, 개인적으로 옆으로 물러나 거기서 말씀을 반추하면서 의무들에 대한 헛된 생각들을, 그리고 말씀을 듣는 동안 죽어 있음을 눈물로 탄식하라.

이것은 어렵다. 왜냐하면, 이것은 경건의 능력이기 때문이다. 이것을 취하려 하지 않기 때문이기도 하다.

개인 기도에 대해서도 마찬가지다. 사람이 어떤 경건 서적에서 나온 몇 가지 기도를 외우며 말한다. 아니면, 어릴 때부터 마음으로 외운 어떤 오래된 기도를 반복한다. 아니면, 아침저녁으로 하나님의 긍휼에 대한 세 가지 간결한 소원을 기도한다.

이것은 얼마나 쉬운 일인가!

이 형식은 쉽다.

하지만 이제 기도 전에 하나님과 자아에 대한 진지한 묵상을 통해 심령을 준비하고, 피 흘리며 배고픔에 굶주린 심령으로 하나님께 나아가되, 오직 욕망으로서가 아니라, "나는 이런저런 긍휼을 가져야 하나이다"라는 '정당한 근거'(warrant)를 가지고 나아가며, 거기에서 하나님과 씨름하라.

어떤 복을 위해 모두 합쳐 한 시간이나 두 시간이 될지라도, 이렇게 하는 것은 너무 어렵다. 그래서 사람들은 누구도 그렇게 하지 않는다고 생각하며 자신 역시 그리하지 않으려 한다.

5) 뻔뻔함이라는 길

사람들은 자신의 죄를 본 후 하나님의 긍휼을 쉽게 붙들며, 또한 위로를 낚아채 버린다. 그들이 그 위로가 온전히 주어지기 전에 그리한다. 하나님의 책에는 그들 심령 안에 있는 불법을 귀하게 여기는 자들을 위해 의도된 어떤 위로의 말씀도 없다.

비록 그들이 삶 가운데서는 불법을 행하지 않아도 그렇다. 그들의 유일한 위로는 저주의 선고가 자신들에게 아직 집행되지 않고 있다는 것뿐이다.

6) 나태함이라는 길

사람들은 가만히 누워서, "하나님이 모든 것을 하실 거야"라고 말한다.

만일 하나님이 선술집 문에 설교단을 세우고자 하신다면, 아마도 그들은 더 자주 말씀을 들을 것이다.

만일 하나님이 항상 천둥을 일으키신다면, 그들은 항상 기도할 것이다.

만일 하나님이 때때로 병으로 그들을 치신다면, 그들은 살려 주시면 더 나은 자가 되겠다고 충분히 좋은 말과 약속으로 하나님께 보답하려고 할 것이다.

하지만 평안이 계속되는 한, 그들은 되도록 빨리 지옥을 향해 달리려고 한다. 따라서 하나님이 그들을 붙들지 않으시면, 아무것도 상관하지 않을 것이며, 돌이키려고 하지 않을 것이다.

7) 무관심이라는 길

사람들이 많은 난관을 느끼면서 그중 몇 가지는 통과하지만 전부는 아니다. 그리고 그들이 지금 가질 수 없는 것을 후에는 갖게 될 것이라는 거짓된 소망으로 자신들을 먹인다.

그들은 형식주의자, 바보, 그리고 미친놈으로 불리는 것으로 만족한다. 반면, 심령의 깨어짐은 없다. 또한, 이런 것을 위해 (아마도) 기도하려 하지만, 그 어려움 때문에 그냥 포기하고 만다.

그들은 상처가 항상 열려 있도록 하지 않으려 한다. 도움을 위해 항상 한숨을 짓지만, 자신들의 심령이 겸비해질 때까지 스스로 안식하지 않으며, 그럴 의향도 없다.

··· 네가 살았다 하는 이름은 가졌으나 죽은 자로다(계 3:1).

8) 절제 혹은 좋은 분별력이라는 길(계 3:16)

이것은 참으로 영혼의 미지근함 외에 아무것도 아니다. 이런 사람은 천국의 길을 위해 힘쓰고 그 길을 열 때 누구로부터도 미움을 받지 않고 모두를 기쁘게 하는 자와 같다. 잠잠한 삶을 위해 이처럼 행하며, 아무 소리도 들리지 않도록 통가죽을 뒤집어 쓰고 잔다.

… 경건하게 살고자 하는 자는 핍박을 받으리라(딤후 3:12).

그들은 이 말씀에 이렇게 대답한다.
"아니요, 그렇지 않나이다. 주여!"
분명 그들은 만일 사람이 분별력이 있고 현명하다면, 선한 삶의 과정에서 상당한 정도의 고난과 반대를 예방할 수 있다고 본다. 이 사람은 가장 열심인 자들을 칭찬할 것이다. 그들이 현명하지 않을지라도 그렇다.

만일 그가 쌍스런 거짓 맹세자를 만나면, 그는 이런 자를 변박하지 않는데, 이는 불쾌함을 당하지 않으려 하기 때문이다. 그리고 만일 그가 어떤 정직한 사람을 만나면, 그는 이런 자가 말한 모든 것에 양보하며 이런 자를 칭찬할 것이다. 그리고 그가 이 둘을 동시에 만나면, 그 둘은 식사 자리에서 동시에 함께 환영받을 것이다. 이는 그가 모든 사람과 화평하기를 원하기 때문이다.

9) 자기애(自己愛)라는 길

사람은 정죄받을 것을 크게 두려워하여 열심히 모든 방편을 사용한다. 그러면 구원받으리라 생각하면서 말이다. 여기 모든 것 중에 가장 큰 어려움은 물길을 거슬러 노를 젓는 것이요, 자아를 미워하는 것이요 그런 다음에 그리스도를 온전히 따르는 것이다.

제6장

영벌의 주된 이유

인간이 영벌을 받는 이유, 혹은 왜 많은 사람이 정죄를 받는지 그리고 왜 그리 적은 수만이 그리스도를 통해 구원받는지는 그들 자신에게 달려 있다.

··· 어찌 죽고자 하느냐 ··· (겔 33:11).

많은 사람이 죽으며 영원히 멸망하는 가장 큰 이유는 그들이 그러기를 원하며 그렇게 하기 때문이다. 멸망하는 각 사람은 자기 스스로가 도살자나 살인자이다(마 23:27; 호 9장).

이것이 우리가 현재 기소하려고 제안하는 요점이다.

[질문]
어떻게 사람들이 자기 자신의 파멸을 계획하고 실현하는가?

[대답]
다음 네 가지 기본적 방편(means)을 사용하여 멸망한다. 이것은 네 개의 큰 반석이며 대부분의 사람이 그 위에서 나뉜다.

각자 그것을 알아야 할 큰 필요성이 있다. 화약음모사건[1]이 발각되었을 때 그 위험은 이미 지나간 것이었다. 인간이 영원히 버림당하는 네 가지 이유를 전반적으로 다룬 후, 이것이 끝나면 각 이유의 특징들을 부연하고자 한다.

첫째, 인간의 칠흑 같은 무지이다. 수천만 명의 사람이 자신의 영적 처지에 무지하며, 하나님과 자신의 영혼 간에 그 진상이 어떤지를 알지 못한다. 그들은 오직 자신들이 이미 충분히 괜찮다고 생각한다. 따라서 그들이 비참함 중에 멸망할 때까지 그들의 처지에서 나오려고 구하지 않는다.

둘째, 인간의 육적 안일함이다. 그들은 자신이 망할 날이 결코 오지 않을 것이라고 여기며, 자신들의 두려운 노예 됨을 느끼지 못한다. 그래서 죄와 사탄의 노예 된 속박으로부터 나오고자 하는 신음이 결코 없다.

셋째, 인간의 육적 확신이다. 사람들은 육적 확신을 품고 자신의 의무와 행함을 통해 자신을 구원하기 위해 키질한다.

넷째, 인간의 담대한 뻔뻔함이다. 사람들이 의무들을 행함에 있어 불충분하다는 것, 하나님이 자신을 구원하시기에는 자신이 무가치하다는 것을 알면서도, 자신의 겉만 번지르르한 믿음으로 자신을 구원하려고 안간힘을 쏟는다.

---

1 Gunpowder Plot을 의미하는 단어로, 1605년, 가톨릭 신자인 로버트 캐츠비(Robert Catesby)가 영국 의사당 지하에 화약을 장치하여 국왕 제임스 1세와 의원들을 살해하려고 한 사건으로, 일명 "예수회 반역사건"(Jesuit Treason)으로 불린다(역주).

1. 인간의 무지

나는 첫째 이유에서 출발하여, 사람들이 자신을 망치는 첫 번째 상태를 발견하고자 한다. 그것은 인간이 이 비참함을 모르며 또한 자신이 누워 있는 두렵고 정죄되고 버려진 상태를 알지 못한다는 것이다. 그래서 자신이 남들처럼 괜찮을 것이라 생각하고 말한다.

어떤 친구가 그에게 거기서 빠져나오라고 설득하고 그런 상태에 머물 때 닥칠 위험을 말해 주면 그들은 이렇게 대답한다.

"네 뜨거운 국물을 식힐 네 숨이나 보전하도록 내가 기도할게. 큰 그릇은 모두 밑바닥이 있어 잘 서 있기 마련이니, 나를 그냥 내버려둬. 나는 너처럼 구원할 영혼이 있기를 소망하고, 네가 그런 것처럼 이를 유의할게. 너는 내 영혼에 답을 줄 수 없어. 너희 중에 가장 꼼꼼한 자처럼 나도 그럴 거야."

목사가 그들의 집에 심방이라도 하면, 목사에 대한 비난 가득한 마음을 가지고 설교에 반대하여 쓰디쓴 쓸개즙에 담근 혀를 놀린다.

"이 모든 것이 사실이라면, 하나님이여, 우리에게 긍휼을 베푸소서. 여기에 상식에서 벗어나고 나를 절망하게 하는 조잡한 가르침이 있습니다."

이렇게 그들은 자신의 비참함도 모르고, 자신이 잃어버린 자요 정죄를 받은 피조물로 하나님의 영원한 진노 아래 있음도 모른다. 그래서 이런 처지에서 나올 수 있는 방편을 찾거나 기도하거나 힘쓰거나 따르지 않는다. 결국, 그들은 그런 처지에서 망하고, 그들의 귓가에 맴도는 지옥 불꽃으로 깨어나기 전까지는 아무것도 알지 못한다.

물론, 그들은 많은 것을 인정하기는 한다. 즉, 모든 인간은 가장 비참한 처지 가운데 태어난다는 것 등이다. 그러나 그런 일반적 진리를 자신에게 적용한 적이 없다. 그러므로 이렇게 말한다.

"나는 사람이다. 그래서 나는 하나님의 진노 아래 있으며, 매 순간 죽음을 통해 사라질 수 있다. 그러면 나는 미완성이요 영원히 잃어버린 자가 된다."

자신의 비참함에 무지한 두 부류의 사람이 있다. 이들은 공작새의 교만을 가지고 스스로 꽤 괜찮고 좋은 처지에 있다고 생각한다. 하지만 자신을 뽐내는 그들의 볏에는 오직 하나의 깃털만 있다.

1) 불경스럽고 완고하고 무지한 보통 부류의 사람들

(1) 때로는 그들에게 구원받는 지식의 방편이 없기 때문이다

신실한 목사도 없고 동정하는 롯도 없다. 자신이 범하는 울부짖는 죄 때문에 하늘에서 불과 유황이 떨어질 것이라고 그들에게 말해 줄 사람이 없다.

노아도 없으니, 그들에게 홍수를 경고할 자도 없다.

전령도 없으니, 하나님의 집어삼킬 듯한 재앙과 진노를 감당할 군대가 그들에게 가깝다는 소식을 전할 자가 없다.

그들은 불쌍하고 버려진 피조물이다. 안내자도 없기에 피할 바위를 찾지 못한다. 그들을 가르쳐 줄 목사도 없다. 왜냐하면, 교구가 너무 가난하기 때문이다. 교회도 없다. 신실한 목사를 유지하기에는 삶이 너무 벅차기 때문이다(보통 가장 힘센 나귀가 가장 큰 짐을 나른다).

오! 애처로운 의사인 목사들이여!

때로 그들은 세속적이라서 자신을 고칠 수 없다. 때로 라티머(Latimer) 수도사의 발자취를 따르지 않는 한, 무지하여 무엇을 설교할지도 알지 못한다. 아니면 기껏해야 그들은 엄청난 죄를 향해 딱총 몇 방 정도만 쏜다.

아니면, 사람들에게 그들 자신들의 비참함을 내보이고, 그것을 본 사람들이 다시금 몇 가지 위로하는 척하나 실제로는 사리에 맞지 않는 말로 그들에게 아첨을 한다("나는 당신들이 더 낫다고 생각한다" 등등). 그래서 생색내는 말이 공교롭게도 다른 이들을 화나게 할지도 모른다. 그게 아니라면 그들은 보통 다음과 같이 말한다.

"네가 죄를 지었어도 안심하고 절망하지 마라. 그리스도도 고난당하셨다. 상처가 곪게 하도록 하라."

하지만 "불이야, 불" 하고 부르짖을 신실한 야경꾼이 없기에 그들은 죄와 흑암 가운데 그냥 누워 있다. 그 모든 성읍, 교구, 세대가 불타 오르고 그래서 비참하게 망하게 된다(애 2:14).

(2) 그들이 자신의 비참함을 생각할 여유가 전혀 없기 때문이다

이는 그들에게 이것을 드러내는 방편을 가지고 있을 때도 동일하다. 마치 벨릭스의 경우와 같다(행 24:25).

많은 사람이 설교에서 자신을 위한 쓴 약을 얻는다. 그러나 이를 씹어 먹을 여유를 갖지 않는다.

어떤 사람은 소송에 휘말리고, 또 어떤 사람은 보증 때문에 재산을 거의 잃게 되면, 그 빚을 어떻게 갚을까 골치 아프게 염려하다가 자신의 것으로 대신 갚는다.

어떤 사람은 큰 책임을 짊어지고 있지만, 친구들은 그렇지 않기에 세상이 힘들다고 불평한다. 그래서 두더지처럼 세상 안에 뿌리를 내린다. 평일이든 안식일이든 말이다.

한편으로는 세상이, 다른 한편으로는 정욕이, 또 다른 한편으로는 마귀가 그들을 부르기에 그들은 죽음, 마귀, 하나님, 그들 자신은 물론 지옥, 천국도 생각할 여유가 없다.

목사가 외치며 심령을 두드리지만, 그들의 심령과 머릿속에는 흥분된 정욕과 헛된 생각의 소음과 쓰레기만 있을 뿐이다. 그래서 모든 좋은 생각은 슬프고 환영받지 못하는 객일 뿐이다. 곧장 때려눕혀진다.

(3) 그들이 여유가 있어도 이를 알기를 두려워하기 때문이다

사람들은 목사를 외쳐 부른다. 하지만 모든 것을 비난할 뿐이다. 그래서 더 이상 목사의 말을 듣지 않으려 하며, 그런 자들이 말하는 것을 믿는 그런 바보들이 되지 않으려 한다. 그 이유는 그들이 자신들의 죄악을 아는 것을 두려워하기 때문이다.

그들은 죄가 잘려 나가는 것을 두려워하기 때문에 외과 의사를 감내하려 하지 않는다. 그들은 마음으로 고난받음은, 남들이 그런 것처럼, 바로 절망에 이르는 고속도로라고 생각한다. 따라서 그들이 어떤 상상 속의 이야기, 곧 어떤 가람이 설교를 들은 후, 어떻게 그가 심란해지거나 물에 빠지거나 혹은 목을 맸는지를 들었다면, 이것이 그들에게는 그들 살아생전의 이야깃거리요 경고일 것이다. 왜냐하면, 이런 문제들 때문에 그들의 심령이 괴롭기 때문이다.

그러므로 양심의 가책을 가진 사람들은 하나님의 얼굴을 피한다. 마치 죄수가 재판관을 피하듯 말이다. 또 빚쟁이가 채주를 피하듯 말이다. 만약 만군의 주께서 당신을 붙들 수 있다면, 당신은 큰 공포를 느낄 것이나 지금은 그 죄를 아주 조금만 두려워할 뿐이다.

(4) 그들이 이런 어리석은 두려움에서 피할지라도 자신의 비참함을 볼 수 없기 때문이다

그 이유는 자신의 처지를 거짓된 거울을 통해 바라보기 때문이다. 또한, 그들의 마음 안에 있는 많은 거짓된 원리 때문이다. 그것들이 그 자신을 속이고 있다.

거짓된 원리들은 주로 다음과 같다.

첫째, 그들이 마음에 품은 하나님은 그들을 지으셨지만, 그들을 저주할 만큼 잔인하신 분은 아니다.

둘째, 그들이 비참함을 전혀 느끼지 못하므로(현재 매우 괜찮다) 더 이상 두려워하지 않는다.

셋째, 그들이 외적 처지, 옥수수, 어린애들, 부르심, 친구들 등에서 복을 받았기 때문이다. 그들은 하나님이 자신을 사랑하지 않았다면, 그처럼 복 주시려 하셨을까라고 생각한다.

넷째, 그들은 죄가 절대로 큰 악이 아니라고 생각한다(왜냐하면, 모든 자가 죄인이기 때문이다). 이것이 그들을 불행하게 할 수 없다고 여긴다.

다섯째, 그들은 하나님의 긍휼이 그의 모든 행사 위에 있다고 생각하기 때문에, 비록 죄가 나쁘다 해도, 모든 긍휼, 모든 꿀과 같은 분으로 하나님을 마음에 품는다. 그들에게 하나님은 절대로 공의를 행하시는 분은 아니다. 그들은 자신은 괜찮다고 생각한다.

여섯째, 그들은 그리스도께서 모든 죄인을 위해 죽으셨다고 생각하기 때문에 자신도 큰 죄인이라고 고백한다.

일곱째, 그들은 자신이 잘 되기를 소망하기에 잘 되고 있다고 생각한다.

여덟째, 그들은 대다수가 다 그렇게 행하기에 자신도 그렇게 행할 뿐이라고 생각한다. 대부분이 생전에 죄 때문에 울부짖지 아니하며 마침내는 어린양처럼 죽는다. 따라서 그들은 대다수가 행하듯이 행하며, 남들이 그러했듯이 자신도 행복하게 죽을 것을 의심하지 않는다.

아홉째, 그들은 자신의 욕망과 심령이 선하기 때문이라고 생각한다.

열째, 그들은 자신의 행위 수준이 하나님이 자신에게 은혜를 주실 만하다고 여긴다. 그래서 만일 그들이 망하면, 그것은 오직 하나님께 잘못이 있다는 것이다.

이상의 것들이 불법의 사람들이 미혹된 이유와 근거이다. 이제 더 세련된 부류의 사람들이 실패하는 근거들을 보이고자 한다.

2) 불건전하고 속 빈 강정 같은 신앙고백자들

둘째 부류의 사람들은 속 빈 강정 같은 신앙고백자들이다. 이들은 자신들의 영혼을 속이고 기만한다. 큰 나무가 많은 숲에서처럼 교회 안에서도 그러하다. 어떤 큰 나무를 잘라 그 속을 조사해 보았을 때 골수도 없고, 수액도 없는, 속이 텅 빈 문제가 드러나는 경우가 있다.

이런 사람들은 자신의 파멸을 더 고운 천으로 휘감고, 보통 사람들보다 마술을 더 잘 부린다. 자기 눈앞에 안개를 피워 자신의 영혼을 속인다.

목사의 첫 번째 일은 사람들을 어둠에서 빛 가운데로 나오게 하는 일이며(행 26:18), 성령의 첫 번째 일은 사람으로 죄를 확신하게 하는 일이다(요 16:9). 따라서 사람의 주된 일은 먼저 자신의 죄악을 아는 일이다.

이런 사람들의 잘못은 다음 세 가지 이유에서 비롯된다.

(1) 지식(understanding)에 대한 광기

이는 일곱 가지의 이상 상태로 나타나며, 이로써 그는 가장 비참하게 미혹을 당하게 된다.

① 지식의 교만

어떤 사람이 스스로를 천하고 악하다고 생각하는 경우에는 미혹받는 것을 볼 수 없을 것이지만(시 25:9), 교만한 남자 혹은 여자는 자주 속는 것을 보게 될 것이다. 교만한 하만은 왕이 자신을 존귀하게 해 줄 것이라고 확신했지만, 실상은 가련한 모르드개가 존귀하게 되었다.

교만이 일단 마음을 사로잡으면 다음과 같은 특징을 갖는다. 즉, 교만은 1페니(penny)를 1파운드(pound)로 보이도록 만들며, 한 번의 섬광이 거대한 불꽃이 되는 것처럼 착각하게 만들고, 작은 그럴싸한 은혜를 아주 큰 일로 만들어 버린다.

그러므로 교만한 바리새인은 자신을 평가할 때 불쌍한 자와 비교한다.

> 나는 다른 사람들과 같지 아니하고 이 세리와도 같지 않나이다(눅 18:11).

그리고 1천 파운드의 가격으로 이것을 매긴다. 즉, 그는 자신을 매우 부자로 평가한다. 많은 사람이 스스로 이렇게 생각한다.

'내 안에 어떤 선한 것이 있으며, 가난한 자들을 불쌍히 여긴다.'

'나는 가난해도 참된 사람이다.'

'나는 결코 술이나 여자에 빠지지 않았다.'

이런 이유로 자신을 높이지만, 자신을 속이고 과대평가한다.

당신에게는 다이아몬드가 아니라 큐빅이 있다. 많은 사기꾼이 순진한 사람들을 속이는 이유는 이렇다. 그들은 자신들이 멋진 자가 되기를 소원하지만 실상 자기가 가지고 있는 보석이 실제로 무엇인지 모른다.

많은 사람이 정직하기를 갈망하며 명성 얻기를 갈망한다. 하지만 진정한 은혜가 무엇인지 모른다.

그들 눈에 진주가 실은 가짜였다. 작지만 그럴싸한 은혜가 그들 눈에는 밝게 빛난다. 그래서 그들은 그것에 취해 스스로를 대단하게 생각한다. 하지만 그 가짜는 단지 반짝거릴 뿐이다. 단지 돼지 목에 있는 그럴싸한 보석일 뿐이다. 사마리아 지역에서 기근의 때 비둘기 똥이 비싼 값에 팔렸다.

자기 주변 사람들이 무지하든 불경하든 예의 바르든지 어떻든 상관없이, 그곳에 살고 있는 사람이 약간 정직하다면(참된 은혜라는 관점에서 이것은 똥이다), 그는 아주 좋은 삶을 살며, 크게 존경받고, 이제껏 살았던 어떤 사람처럼 정직하다고 평가받는다.

붉은 유리를 통해 보는 사람에게는 모든 것이 붉게 보인다. 어떤 좋은 안경을 통해, 즉 자신 안에 갖고 있는 어떤 한 가지 좋은 것을 통해 자신을 보는 사람은 다 좋게 보인다.

성경은 이렇게 말씀한다.

> 바리새인들은 과부의 가산을 삼키며(눅 22:47).

이 가산을 삼키는 행위를 두고 바리새인들이 자신의 처지를 돌아볼 수 있었을까?

아니다.

왜 그런가?

그들은 외견상으로 오래 기도하는 척했을 뿐이다.

많은 사람이 때로 술에 취한 후 미안해한다. 그들은 죄를 범하지 않을 수 없다. 그러나 그들의 욕망은 선하다. 그들은 게으르게 말하지만 정직하게 산다. 그들은 종종 나쁜 일을 행하지만 그들의 뜻은 좋다. 따라서 어떤 좋은 것이 자신 안에 보이면 교만함으로 그들은 뽐낸다. 헛된 자만심으로 그리하며, 이렇게 그들은 자신의 영혼을 기만한다.

② 지식의 완고함

'나는 좋은 처지에 있다'는 오랫동안 뿌리박힌 생각은 이런 자만심을 굳이 뽑아내려 하지 않는다. 이렇게 자만심으로 오랫동안 썩은 뿌리를 가지고 살아온 신앙고백자들은 평생 어리석은 자들이었다.

그러므로 이제는 기초를 무너뜨리고 다시 세워야 한다는 것을 믿으려 하지 않는다. 따라서 어느 신실한 목사가 그들의 죄를 지적하고 그들의 처지는 사실 너무 비참하다고 말해 주면, 그들은 이렇게 반응한다.

"그렇게 갑자기 나타나서 무엇을 가르치겠는가. 내가 그의 피리 소리에 맞춰 춤이라도 추어야 한단 말인가?

내 모든 좋은 기도, 내 믿음, 내 자선이 그처럼 오랫동안 하나님 앞에 혐오스럽고 악한 것이었단 말인가?"

어떤 뇌물로도 그런 사람에게서 자신의 옛 전통 견해와 자만심을 벗어버리게 할 수 없다. 그리스도의 피가 그리할 때까지, 이것으로 그는 자신을 속인다(벧전 1:18).

사마리아 여자가 예수님께 "우리 조상들은 이 산에서 예배하였는데"(요 4:20)라고 말했다. 이곳은 하나님의 참된 예배처인 예루살렘만큼 좋은 곳이라는 말이다.

사람들은 나이 들면서 구부러지지만, 자신을 좋게 여기며 살아간다. 그러면 좀처럼 아니 결코 다시금 반듯하게 될 수 없다. 따라서 그런 종류의 사람들은 자신이 정직한 것으로 여겨지길 원하지만, 실상은 종교적 그리스도인일 뿐이다. 그럼에도 자신의 처지가 나쁘다는 것을 결코 의심하려 하지 않는다. 그는 다른 사람들이 그를 분석하고 그의 심령은 썩었다고 의심하는 것을 감당할 수 없다.

어떤 상품을 조사하고 나서 형편없으면, 그것은 단지 쓰레기에 불과하다고 결론 내지 않을까?

판매자가 상품들을 먼저 살펴보지도 않고 무조건 팔려고 하겠는가?

우리는 가톨릭이 잘못되었다는 의심을 강하게 가지고 있다. 왜냐하면, 그들은 자신의 견해들을 그 추종자들에게 강요하여, 어떤 논증도 없이 언제든 무조건 믿도록 하기 때문이다.

확실히 당신의 옛 믿음, 옛 기도, 옛 정직 혹은 옛 경건의 형식은 모조품이며, 조사하면 무너지는 것들이다.

그러나 당신은 "나는 괜찮다. 내가 오랫동안 이런 선한 마음을 지녀왔기에, 지금도 절대 의심하지 않을 거야"라는 자만심으로부터 벗어나기를 원하지 않는다.

내가 관찰한 바로는 이런 부류의 사람들은 무섭다. 왜냐하면, 이들은 매우 무지하거나 음행, 학대 같은 어떤 가공할 비밀이나 흉악한 죄에 빠져 있기 때문이다. 그래서 그들은 하나님의 진리 빛에서 멀어진다. 나아가 진리와 맞서 싸운다. 이것을 설교하는 목사들과도 싸운다(롬 2:8).

도적들이 어떤 훔친 물건들을 집 안으로 들여올 때, 이것들을 조사하거나 의심하지 않는 것과 같다. 그러면서 그들은 "조사해 보면 나는 정직한 사람이야"라고 거짓말을 한다. 왜냐하면, 그들은 만일 발각되면, 재판관 앞에서 고난받을 것이고 목숨도 부지할 수 없음을 두려워하기 때문이다.

이처럼 많은 옛 신앙고백자(가톨릭 신자-역주)가 그들을 조사하려 하면 목사와 진리에 문을 쾅 닫아 버린다. 그러면서 그들은 성인들처럼 구원받기를 소망한다고 말한다.

이런 이유는 그들에게 죄악이 있기 때문이다. 그들은 고통과 자신의 죄악을 보고 기가 죽는 것을 매우 싫어한다. 만일 자신이 일생 동안 잘못된 길에 있었다면, 자신은 구원받아 천국에 가는 것은 어려울 것이라 생각하기 때문이다.

정직한 심령을 가진 가장 거룩한 사람은 "주여, 나를 살피소서"라고 부르짖을 것이며, 진리의 즐거움으로 향하는 좁은 문을 열고 나갈 것이다.

③ 지식의 모호함

이는 하나님의 율법의 무한한 정확성, 영화로운 정결함 그리고 절대적 완벽성에 대한 무지다. 따라서 이것은 비추는 등잔 곧 하나님의 법의 밝은 태양을 비켜 감이요, 바로 자신의 마음, 자신의 의라는 썩은 개똥벌레 속에 빛이 지고 어두워지는 것이다.

하나님의 율법을 좇아 어떤 것들을 행함이 자신의 눈에는 음산한 어두움의 깊은 밤중에 영광스럽게 비추고 반짝거리는 것이며, 율법을 행했기 때문에 하나님을 기쁘시게 하고, 그래서 그들 처지는 매우 좋다고 본다.

바울은 이렇게 말한다.

> 법을 깨닫지 못할 때에는 내가 살았더니(롬 7:9).

그러면서 그는 이에 대한 이유를 댄다. 이는 죄가 그 안에서 오직 잠들어 있기 때문이다. 마치 고요한 집 안에 숨어 있는 살인자와 같다. 율법이 오기 전에 그는 죽도록 비밀스런 부패의 진상을 보지 못했고, 자신의 심령 안에 숨어 있는 반역의 쓰레기를 보지 못했다. 그래서 자기 자신의 의 때문에 자신을 높이 평가했다.

복음은 사람에게 그리스도 안에 있는 하나님의 얼굴을 보여 주는 거울이다(고후 3:18). 반면, 율법은 사람에게 자신의 얼굴을 보여 주고, 자신이 어떤 존재인지를 보여 주는 거울이다.

이제 이 거울을 빼앗기고 또한 왜곡된 심령 앞에 서지 않는다면, 어떻게 자신을 괜찮은 자로 생각하지 않을 수 있겠는가?

이것이 왜 예의 바른 사람들 곧 형식주의자들 대부분이 자신을 실제의 자신보다 더 나은 사람으로 생각하는가 하는 이유다. 이는 그들이 주인(host) 없이 셈하기 때문이다. 즉, 그들은 자기 죄의 수, 성격, 크기를 자기 자신의 잣대와 추론으로 판단한다.

그들은 하나님의 치부책, 하나님의 정확한 법을 살피지 않고, 자신을 그것과 비교하지 않는다. 만일 그들이 살피고 비교했다면, 강퍅한 심령은 놀라 머리털을 뽑아 버리며 다음과 같이 말하게 될 것이다.

"그런 죄를 간과하고, 그런 잘못을 인내하고, 그런 죄와 빚을 용서하는 그처럼 큰 긍휼이 어디에 있단 말인가. 이것들 중 어느 하나만이라도 나는 돌이킬 수 있을 텐데, 훨씬 많은 것이 있다면 … ."

④ 지식의 안일함 혹은 잠듦

이로써 사람들은 자신의 행위를 살피지 않으며, 이 행위를 법과 비교하지 않는다. 하나님의 법에 대한 지식을 가졌을지라도 말이다. 그들은 마치 좋은 거울을 자기 앞에 두고도 거울로 자신과 자신의 흠을 절대로 보지 않는 사람들과 같다.

이것이 중생하지 못한 사람의 비애이다. 그들은 반추하는 힘이 없기에 쉽게 자신을 판단한다(렘 8:6). 우리는 그들이 설교에 대해 갖는 생각을 들을 수 있다.

"이 설교는 000를 위한 것이야. 그는 이 설교에 감동을 받았을 거다."

아마도 그 동일한 설교가 원칙적으로 자신들에 대해 말하고 있음에도 그들은 결코 이렇게 말하지 않는다.

"이 설교는 나에게 주시는 말씀이야. 오늘 주님의 선하심을 통해 내가 어떤 사람인지 알게 되었어. 목사님은 다른 사람이 아니라 바로 나에게 설교하신 거야. 내가 한 일을 누가 목사님께 일러바친 것 같아."

우리는 다리를 저는 많은 그리스도인들을 보게 된다. 그들은 설교에서 전달된 모든 진리에 순복하고 이를 기려야 함에도, 자신들을 확신시켜 줄 모든 진리에서 벗어나려 하고 이를 잡아 흔들려 한다.

그래서 많은 사람이 상식선에서만 자신을 살펴보고, 자신에게 은혜가 있는지 없는지, 자신이 그리스도를 사랑하는지 그렇지 않은지를 판단할 때, 그들이 진심으로 행한 것에 대해서는 스스로 옳다고 여긴다.

그러나 그들이 어떻게 생각하든 그들은 이 은혜뿐 아니라 다른 어떤 것도 소유하지 못했다. 그들에게 자신을 돌아보는 빛이 없기 때문에, 그리고 자신의 특정한 삶을 통해서만 자신의 일상을 판단하기 때문이다.

그러니 이런 사람들에게 이렇게 말하라.

> 참으로 서로 사랑하는 사람들은 자주 자신을 돌아보고, 자신에 대해 고백하며, 상대방과의 동행 안에서 기뻐하며, 가장 작은 것으로도 상대방을 해하

려 하지 않는다.

이제 그들이 이처럼 그리스도를 사랑하는지 물어보라.

만일 그들이 스스로를 돌아볼 수 있는 어떤 빛을 갖고 있다면, 그들은 자신들이 그리스도에 대해서는 한 가지 생각을 가지되, 다른 것들에 대해서는 일천 가지 생각을 가지고 있는 면을 보게 될 것이다.

기뻐하라.

천만에!

그들은 말씀 안에서 기도 안에서 주님과 동행하는 것에 싫증낸다. 그들은 주님께 잘못을 범할 뿐만 아니라, 이를 행하고도 이를 대수롭지 않게 여긴다. 모든 사람은 죄인이다. 그 누구도 죄 없이 살 수 없다. 하지만 그들은 불이 침대에서 타고 있는데도 골아 떨어져 자는 것처럼, 부르짖어야 하는데도 그러지 않는다. 남들이 행복의 탄성을 터트릴 때, 그들은 그 모습을 멀리서 바라보지만 그를 도울 수는 없다(사 42:25).

다음날 교수형을 당할 사람이 그날 밤에 왕이 되는 꿈을 꿀 수는 있다.

왜인가?

그는 잠들어 자신을 돌아보지 않기 때문이다. 당신은 마귀에게 갈 수 있고 저주받을 수 있으나, 자신의 모든 것이 좋다고 생각하며 꿈꿀 수 있다.

그러니 주님이 당신의 눈을 안으로 향하도록 하시며, 마귀와 미혹이 당신 집의 출입문을 닫지 못하도록 기도하라.

집 밖에서는 매일 어떤 법정이 열리고 있음을 알라.

⑤ 지식의 불경건함

이것들은 다른 것 안에 있는 하나님의 영광의 은혜를 줄이고 욕되게 한다. 따라서 이것은 영혼을 미혹하여 자신보다 더 나은 자는 없다고 착각하게 하며, 그래서 "어떤 자가 구원받는다면, 의심할 바 없이 그가 바로 나다"라는 결론을 내리게 한다(사 26:10-11).

사람들은 하나님 백성의 삶 가운데서 하나님의 존귀함을 보지 않으려 한다. 신앙이 가벼운 사람들은 시류(時流)에 영합하여 살기를 원하기 때문에, 가장 경건한 신앙인들과 자신을 저울질하며 이렇게 생각한다.

'그들이 가진 것을 나도 가지고 있지 않은가?

그들이 한 것을 내가 못할 것이 무엇인가?'

그리고 그들이 자신보다 신앙이 더 좋은 것을 보면, 신앙 저울의 추를 바꾸어 그들의 신앙을 가볍게 만들고, 자신의 신앙은 무겁게 만든다.

그들과 그들의 은혜를 이같이 욕되게 하고, 자신은 절대로 달라지려 하지 않는다. 이유는 다음 세 가지 때문이다.

첫째, 그들은 하나님의 백성에 대한 나쁜 소문을 만들어 내고, 불합리한 의혹을 점점 더 부풀린다. 그들은 하나님 백성이 범한 어떤 죄를 알면, 그 백성이 모두 그렇고 그런 자들이라고 결론내려 한다.

만일 그들이 그 백성 누구에게서든 어떤 불쾌한 죄도 발견하지 못하면, 그들은 그 백성을 위선자라고 비난한다. 만일 그 백성이 정말 그렇게 아름다운 향기를 내뿜는다면, 그들은 (어떤 근거도 없이) 그 백성이 지금은 예쁜 꽃을 지니고 있지만, 향후에는 남들처럼 나빠질 것이라 예단한다.

둘째, 만일 그들이 하나님 백성을 정확히 판단한다면, 자신을 그들과 비교하되, 그 백성의 바깥에 있는 오직 작은 한 개의 기준만을 취함으로, 그리고 그 백성 안에 있는 것을 봄으로, 그리고 마치 아이들처럼 멀리 떨어진 별들을 보고는 그 별들이 깜박거리는 양초보다 더 크지도 밝지도 않다고 생각한다.

그들은 하나님 자녀의 내면을 바라보기에는 멀리 떨어져 있다. 그들은 성전을 채우는 하나님의 영광을 보지 않는다. 그들은 하나님 백성이 하늘로부터 받은 감미로운 영향력을, 또한 그 백성이 하나님과 갖는 교제를 보지 않는다.

따라서 그들은 그 백성을 오직 천하게 판단한다. 이는 그리스도인의 외면은 그의 가장 악한 부분이다. 그의 영광은 우선적으로 안쪽에서 빛을 발하기 때문이다.

셋째, 설령 하나님의 백성이 자신들보다 훨씬 뛰어나고 그래서 더 나은 삶, 더 나은 심령, 더 나은 지식을 가지고 있음을 그들이 본다 해도, 그들은 자신에게 은혜가 없다고 결론을 내려 하지는 않는다. 왜냐하면, 정직한 사람들의 돈은 그런 표시가 새겨진 인장을 갖지 않는 까닭이다.

그들은 이런 장난을 친다. 즉, 그들은 그렇고 그런 좋은 사람들이 자신들보다 더 큰 양과 더 높은 정도의 은혜를 가진다고 생각한다. 그래서 심지어는 비록 남들처럼 자신들이 그렇게 완전하지는 않지만, 자신들의 심령이 올곧다고 생각하면서 자신 있게 말한다.

그리고 그처럼 가장 거룩한 사람들 안에서 빛나는 은혜를 욕되게 하는바, 이 금(金)을 자기 자신들의 동(銅)과는 다르게 만들되 본질로서가 아니라 정도에 있어서만 그리한다. 따라서 그들은 비참하게도 스스로를 속이고 있다.

한 명의 신실한 그리스도인이 영광 안에서 다른 이와 다르지 않은 것은 아니다. 그런 자들은 참된 정직이 머무는 그런 높은 자리에 결코 속하지 않는 자들로, 거짓되이 아버지 행세를 하며 다음과 같은 나쁜 결론을 낸다. 즉, 신실한 그리스도인들은 자신들의 기준으로 올곧을 뿐이며, 다른 이들이 받은 것과 동일한 정도의 은혜를 가지고 있지 않다는 것이다.

⑥ 지식의 우상

이것 때문에 마음은 거짓된 은혜의 형상 앞에 일어나고 또한 엎드린다. 다시 말하면, 참된 은혜의 높이와 탁월성에 대해 무지한 마음은 은혜에 대한 거짓된 관점을 취하고, 그 거짓된 관점으로 그런 정도의 일반 은혜를 참된 은혜인 양 상상하고 마음속에 그린다.

은혜에 쉽게 도달했던 영혼은 이것을 은혜의 상태 안에 있는 것으로 마음에 품으므로 비참하게도 스스로 속게 된다(롬 10:3). 그리고 마음은 그 상을 다음과 같이 세우기에 이른다.

첫째, 마음이 지옥에 대한 골치 아픈 두려움에 사로잡혀 쫓김을 당한다. 양심은 그에게 자신이 죄를 지었노라 말하며, 율법은 그에게 정녕 죽으리라 말한다. 그리고 죽음이 나타나 그에게 곧 자기를 만날 것이라고 속삭인다.

만일 그가 자신의 죄 때문에 버려진다면, 그의 모든 개인적 농담까지 셈하는 어두운 날이 올 것이며, 이 날은 피, 공포, 심판 그리고 불의 날이다. 여기서 어떤 피조물도 그를 위로할 수 없다. 따라서 그는 말한다. "주여, 내 영혼이 이런 비참함을 피하게 하소서."

그는 자기 영혼이 자신에게 악함을 증명하지 않으리라 소망하면서도 그 영혼이 그리할 것을 두려워한다.

둘째, 그는 평안 그리고 이런 악들에서의 자유함에 대한 확신을 바란다. 왜냐하면, 고통스런 두려움의 난간은 땅 위 지옥이기 때문이다.

셋째, 그는 편안함을 가질 수 있다. 자신의 고통을 겁박하여 내쫓거나, 잔의 밑바닥에 고통을 가라앉게 하거나, 주사위와 함께 고통을 던져 버리거나, 카드 놀이를 하며 시간을 보내지도 않을 것이다. 대신 어떤 은혜를 바라므로 말이다(하지만 보통은 은혜의 정도 중에서 가장 작은 것을 바란다).

이것을 위해 그는 설교 듣기를 바라고 성경책 읽기를 바란다. 이는 최소한의 은혜로도 자신을 최선으로 만족시키기 때문이다. 자신을 괴롭히는 죄에 대해 은혜만이 자신을 깊이 위로할 수 있는 까닭이다.

마찬가지로 거룩한 심령에 먹을 것과 마실 것이 되는 은혜는 이런 종류의 인간들에게 유일한 의사이기에, 그들을 두려움과 고통으로부터 평안하게 해 준다. 따라서 참된 은혜의 높이에 무지한 그는 스스로 그런 정도의 일반 은총을 참된 은혜로 마음에 품는다.

만일 그가 자신을 괴롭게 하는 것에 대해 무지하다고 느낀다면, 자신에게 이제부터 매우 많은 지식을 얻을 것이라고 말한다.

만일 그의 실제 삶에서 어떤 나쁜 죄가 자신을 괴롭히면, 그는 이것들을 버리려 할 것이며 또 그렇게 행한다.

만일 선한 의무를 이행하지 않은 것 때문에 자신을 괴롭게 하면, 더 나은 것을 들으려 하고, 어떤 좋은 기도 책을 사려 하며, 또한 더 자주 기도하려 한다.

만일 그가 그런 자가 매우 정직한 사람이란 확신이 들면, 그가 행한 것을 행하려 힘쓰며 그래서 이제 그는 잠잠해진다.

그가 자신이 정한 이런 수준에 이르면, 이제 자신이 젊은 초보자요 역시 선한 자라고 생각한다. 그래서 만일 그가 죽더라도 자신은 잘될 것이라고 생각한다. 만일 살아도 그는 더 나은 자로 성장할 것이라 생각하고 그것을 소망한다.

그가 자신이 정한 정도에 다다르면, 막대기를 내려 놓고 앉아 충분히 만족해 한다. 그러다가 만일 은혜의 자리로 들어가라는 권면을 받으면, 그는 그것은 지금 해야 될 것이 아니라고 답한다. 그러면서 염려거리가 사라진 것에 대해 하나님께 감사한다.

진리가 그에게는 너무 높다. 자신의 다리로는 거기까지 자신을 옮길 수 없다. 그의 모든 은혜는 자신의 행위에서 오는 것이지 하나님의 전능의 힘으로 말미암은 것이 아니다.

사람이 거짓된 저울추를 갖는다면, 슬프게도 금박만 입힌 금 때문에 속게 된다.

왜 그런가?

그의 저울추가 너무 가볍기 때문이다. 마찬가지로 이런 사람들은 너무 가벼운 저울추를 갖고 있어서 참된 은혜의 무게를 판단할 수 없다.

그러므로 가볍고, 잘리고, 깨어진 조각들이 그들을 속인다.

그러므로 그런 사람들이 알맹이가 없고, 활기 없는 자들을 칭찬하는 것을 보게 된다. 마치 빵 조각을 뗀 자들 중에서 가장 정직한 자들처럼 말한다.

왜인가?

그들은 바로 자신의 무게에 답할 수 있는 자들이기 때문이다. 그래서 "사람은 참된 은혜에서 멀어질 수 있어요"라고 주장하는 그들에 대해 나는 조금도 놀라지 않는다.

이유는 여기에 있다. 즉, 그들은 스스로 은혜의 보편적 행위(common work of grace)를 세워 참된 은혜(true grace)가 되게 하기 때문이다. 하지만 사람이 그 참된 은혜로부터 떨어짐은 결코 놀라움이 아니다.

그래서 로버트 벨라르민(Robert Bellarmine)[2]은 이렇게 말한다.

> '참된 은혜'(true grace), 곧 '본질적 진리'(*veritate essentiae*)는 잃어버릴 수 있으나, '참이 되는 진리'(grace which is true), 곧 '확고하고 견고한 진리'(*veritate firmae soliditatis*)는 잃어버릴 수 없다.

후자를 바르게 이해한다면 특별 은총(special grace)으로, 전자를 일반 은총(common grace)으로 부를 수 있다. 따라서 우리는 많은 신앙고백자가 백 개의 설교를 들음에도 더 좋게 성장하지 않음을 보게 된다. 마찬가지로 우리는 보통 설교자들이 이들 대부분을 위로함을 본다. 왜냐하면, 그들이 마음에 괴로워하는 것을 보기 때문이다.

그들은 지금은 참된 은혜를 가지고 있다고 생각하기 때문에, 이제 그들은 자신의 죄 때문에 슬퍼하기 시작한다. 이것은 그들 자신의 가벼운

---

[2] Robert Bellarmine(A.D. 1542-1621년)은 이탈리아 예수회 소속 추기경으로 반종교개혁에서 앞장 섰다(역주).

저울추 때문이다.

주님을 위해 이 기만을 주의하라.

참된 은혜가 귀한 진주이다. 하지만 그것은 그것을 가진 자 이외의 모든 자의 눈에는 구름에 가려진 영광스런 태양일 뿐이다(계 2:17). 또한, 이는 영혼에 행하시는 하나님의 기이하고 찬양받으실 전능의 역사이며, 인간의 권능으로 일어날 수 없는 일이다.

이 참된 은혜는 그 수준이 가장 낮을지라도, 가장 높은 수준의 일반 은총과는 너무 다르다. 이것은 마치 마귀가 천사와 다른 것과 같다. 왜냐하면, 그리스도는 영혼 안에서 살고, 숨 쉬고, 다스리고, 싸우고, 정복하고 계신 까닭이다.

그러므로 당신의 우상의 은혜, 당신의 우상의 정직함을 집어치워라.

참된 은혜는 어떤 높은 수준을 절대 목표로 하지 않는다. 오직 온전성만을 열망한다(빌 3:12-13). 그러므로 크리소스톰은 바울을 전능자에 대한 "식을 줄 모르는 주님 경배자"(*insatiabilis Dei cultor*)라고 부른다.

⑦ 지식의 오류

이는 인간 파멸의 또 다른 원인이다. 이것은 원칙적으로 다음 다섯 가지로 볼 수 있다.

첫째, 죄 때문에 생기는 마음의 어떤 고통이나 어떤 가벼운 슬픔을 참된 회개라고 오판한다. 그들은 회개한다고 생각하면서 구원받을 것이라 소망한다. 왜냐하면, 죄는 감미로운 독과 같기 때문이다.

사람이 죄를 범하면 죄를 마시는 동안에는 그 안에 많은 즐거움이 있다. 하지만 죄를 범한 후에는 그 안에 찌름이 있다(잠 23:31-32).

그다음에는 이 독이 퍼지는 시기가 온다. 그래서 심령이 슬픔으로 가득 차게 한다. 그들은 심령 안에 미안함이 생기면서 그렇다고 말한다. 그러면서 눈을 내려뜨리며 고개를 숙인다. 앞서 죄를 즐겨 범했던 그 사람은 이제 영혼의 쓴맛 가운데 비통함으로 부르짖는다.

'오! 나라는 자, 짐승이로다. 절대 죄를 범하지 말았어야 했는데! 주여, 긍휼을, 긍휼을!'(잠 5:3-4, 11-12)

아마도 그들은 금식하려 하고 또한 죄 때문에 기꺼이 영혼을 낮추고 가학한다. 그리고 이제 그들은 회개했다고 생각한다(사 58:3). 이것 때문에 그 모든 죄가 죽을 것이라는 말을 들을 때, 사람이 회개하면 이것이 정말로 참이라고 인정한다. 그래서 그들은 이미 자신이 회개했다고 생각한다.

죄인이 회개하면 그 어느 때라도 주님이 그의 불의를 없애실 것은 사실이다. 그러나 이 회개는 사람이 죄 때문에 마음 안에 어떤 괴로움을 당할 때가 아니라, 그가 자신의 가장 큰 악으로서의 죄를 두고 신음하기 시작할 때이며, 또한 만일 그가 자신 앞의 밝은 불로 자신의 모든 상황과 처지를 보게 된다면 자신이 바로 그런 존재임을 알 때이다.

작든 크든 모든 죄에 대해, 그리고 한동안 혹은 일순간이 아닌, 평생 슬픔의 홍수가 나 마르지 않는 눈물로 흘러넘치게 하라.

둘째, 죄에 대항하는 양심의 싸움을 성령에 대적하는 육신의 싸움이라고 착각한다. 따라서 육적인 검은 입에서 이런 말들이 나온다.

> 마음은 원이로되 육신이 약하도다(마 26:41).

그러므로 사람들은 육과 영의 복합체인 자신이 거듭났기에 하나님의 자녀라고 생각한다.

언젠가 어떤 사람과 대화를 나눈 적이 있다. 그는 빌라도가 정직한 사람이었다고 생각했다. 왜냐하면, 그는 그리스도를 십자가형에 처하려 하지 않았기 때문이라는 것이다. 그러나 빌라도의 이와 같은 부득이한 마음은 양심을 억제해서 나오는 반응일 뿐이다.

마찬가지로 많은 사람이 정직하게 판단하지만, 단순히 보면 자신들의 어떤 근거에 의거해서 그럴 뿐이다. 그들은 자신이 죄에 대항해 싸우며 그래서 주님이 자신에게 긍휼을 베푸실 것이라고 생각한다. 자신들이 넘어지는 것은 단지 깨어지기 쉬운 육신 때문이라고 여기기 때문이다.

그런 이유로 아르미니우스(Arminius)는 여러 신학자의 로마서 7장에 대한 다양한 해석을 제공한다. 그중 하나는 이렇다.

바울은 7장에서 중생하지 않은 인격에 대해 말했다. 그는 은혜 없는 여러 사람(자신도 포함한다)이 양심에 반해 보통은 죄로 떨어졌고 또한 떨어지고 있는 것을 관찰했다. 그래서 그들은 이 장을 자신들의 변호와 위로에 이용한다. 왜냐하면, 그들은 자신이 허락하지 않은 것을 행하게 되었기 때문인데(15절). 그들 안에 거하는 것은 그들이 아닌 죄였던 것이다.

우리 가운데 많은 사람이 스스로 더 나아져야 함을 안다. 또한, 더 낫게 성장하려고 힘쓴다. 하지만 죄의 권능 때문에 그리할 수 없다. 양심은 그들에게 죄를 지어서는 안 된다고 말한다. 하지만 그들의 심령과 정욕은 죄를 져도 된다고 말한다.

여기에 진정으로 육과 성령이 있는가?

오! 아니다.

여기에는 양심과 정욕이 서로 불화(不和) 상태에 있다. 이 싸움은 헤롯, 발람, 빌라도 혹은 세상의 가장 악한, 유기된 자들이 하는 것이다. 그런 싸움은 심령 안의 어떤 은혜를 주장하는 것이 아니라, 오히려 더 많은 부패의 힘과 심령 안의 더 많은 죄의 권능을 주장한다.

마치 말이 고삐가 풀리면 도망하는 것은 놀라운 일이 아닌 것 같다. 입에 재갈과 고삐가 있다가 이제 야생이 되어도, 길들여지지 않고도 고분고분한 말이 된다고 주장한다.

그러므로 당신의 상태를 좋다고 판단하지 않도록 주의하라.

이는 어떤 죄, 즉 비록 작은 죄라도 당신 심령의 어떤 뒷걸음질이 죄를 범하게 만들기 때문이다. 왜냐하면, 당신의 죄는 아마도 그리고 확실하게 그런 비슷한 싸움을 하지 않는 다른 세상 사람들보다 당신 안에서 더 강력하기 때문이다. 그들은 당신이 자기 자신을 억제하기 위해 갖고 있는 그런 견제 장치들(checks)을 갖고 있지 않기 때문이다.

그러므로 알라.

곧 육신에 대항하는 영의 싸움은 죄에 대항하는 것이다. 대적이 바로 죄이기 때문이다. 사람이 두꺼비를 싫어함은 그 독을 맞아서가 아니다. 그렇지 않아도 싫어한다.

하지만 죄에 대항하는 당신 양심의 싸움은 오직 죄에 대항하는 것이니, 이는 이것이 괴롭히는 혹은 저주하는 죄인 까닭이다. 육신에 대항하는 영의 싸움은 죄에 대한 뿌리 깊은 증오에서 나온다(롬 7:15). 하지만 죄에 대항하는 양심의 싸움은 오직 죄의 위험에 대한 두려움에서 나올 뿐이다.

발람에게는 이스라엘을 저주할 마음이 있었다. 단지 자신의 돈벌이 때문이었다. 하지만 그가 집을 금은으로 가득 채울 수만 있었다면, (이는 욕심스러운 눈에는 선한 일이다.) 그는 감히 이스라엘을 저주하지 않았을 것이다.

셋째, 심령 안의 어떤 선한 감정을 심령의 신실함으로 오해한다. 미혹된 많은 영혼이 그런 경우를 두고 자신에게 이렇게 말한다.

'나는 불경한 위선자 아니면 의로운 사람일 거야. 불경한 자가 아니니 하나님께 감사다. 내가 음행, 술 취함, 억압, 거짓 맹세에 빠지지 않았기 때문이야. 나는 위선자가 아니야. 내가 이런 자로 보이는 것을 싫어하고, 나의 내면보다 나의 겉모습을 더 좋게 보이는 것을 싫어하기 때문이지. 그러므로 나는 의로운 자야.

내 심령은 선해. 내 안의 감정과 소원은 내 밖의 삶보다 더 나아. 남들이 나에 대해 무엇이라 판단하든지 간에 나는 내 자신의 심령을 알고 있

고, 그 심령은 하나님이 원하시는 모든 것이야.'

그들은 자신을 속인다(잠 28:26). 이것이 사람들이 실패하는 가장 큰 원인과 근거 중 하나이다. 이들은 자신을 최상으로 여긴다. 그러나 그들은 선한 욕망과 예수 그리스도의 사랑에서 우러나는 강한 감정 간의 차이를 구별할 수 없다.

자기애(self-love)는 사람으로 자기 자신의 선함과 안전을 찾도록 만든다. 따라서 이것은 사람으로 아침 일찍 침상에서 끌어내며, 그로 하여금 기도하게 한다. 또한, 그로 하여금 저녁에는 골방에 들어가도록 하며 거기서 은밀히 그로 하여금 죄 용서를, 그리스도를, 긍휼을 찾고 구하도록 만든다.

> … 주여 우리에게 이 떡을 항상 주소서(요 6:34).

하지만 그리스도께서 주시는 사랑은 사람이 그리스도를 갈망하며 주님의 존귀와 그리스도를 위해 자신과 그 외의 모든 것을 갈망하도록 만든다.

믿음 때문에 그리스도 안에 있는 자녀들의 욕망은 언제나 용납됨이 사실이다. 그러나 종의 욕망, 그리스도를 벗어나 자신의 삶을 위해 일하는 사람들의 욕망은 용납되지 않는다.

넷째, 때로는 하나님의 영광을 구하는 것을 그들을 향한 하나님의 사랑으로 오해한다.

하나님의 영광을 목표로 하는데, 오히려 망하는 것이 가능한가?

그렇다. 일반적으로 그렇다.

사람은 가난한 자들에게 너그러울 수 있고, 사역을 열심히 지속할 수 있으며, 선한 일에 앞장서고 옹호할 수도 있다. 따라서 그는 하나님이 자신을 사랑한다는 것 외에는 의심하지 않을 것이다.

하지만 여기에 차이가 있다. 설령 어떤 악인이 자신의 목적을 어떤 특정한 일에서는 하나님의 영광으로 만들 수 있을지라도 자신의 통상적인 과정에서, 자신의 가장 거룩한 최종 목적 안에서는 결코 이룰 수 없다.

솜씨 좋은 도제(徒弟)가 주인의 모든 일을 할 수 있지만, 그는 다만 그 이익을 자기 것으로 취하거나, 혹 주인과 자신 사이에 나눌 수 있을 뿐이다. 마찬가지로 단지 머슴도 마치 제삼자처럼 보일지라도 그럴 수 있다.

마찬가지로 섬세한 심령(그러나 악한 심령)은 유다가 그랬던 것처럼 모든 세상을 포기할 수 있으며, 하나님이 그에게 요구하시는 모든 외적 의무에서 도제처럼 될 수 있고, 그래서 선한 일을 할 수 있다.

그러나 무엇이 그의 최종 목적인가?

그는 존경과 자리를 얻고자 한다. 또는 그리스도가 영광의 일부분을 가지시고, 자신은 나머지 부분을 갖기 원한다.

시몬 마구스(Simon Magus)는 돈을 지불해서 더 잘 기도할 수 있기를, 더 많이 알기를 그리고 남들처럼 행할 수 있기를 원했다. 그의 최종 목적은 사실 자신을 위함이었다. 하지만 그리스도께서 이렇게 말씀하신다.

> 너희가 서로 영광을 취하고 유일하신 하나님께로부터 오는 영광은 구하지 아니하니 어찌 나를 믿을 수 있느냐?(요 5:44)

많은 사람이 그리스도의 영광을 구한다.

그러나 참으로 당신은 주의 영광만을 구하는가?

당신이 안식하고 오직 그것만을 구하는 것, 이것만이 당신의 최종 목적인가?

만일 당신이 정말 그리스도의 영광을 당신의 최종 목적으로 삼았는지를 알고자 한다면 이 규칙을 주목하라.

만일 당신이 그리스도의 영광의 상실보다 자신의 영광의 상실에 대해 더 슬퍼한다면, 이는 당신이 자신의 '최고의 선'(*summum bonum*)이신 그리스도를 자신의 마지막 목적으로 사랑하지 않고, 이를 바라지도 않는다는 분명한 징표이다.

당신은 하나님의 영광을 최고, 최우선의 자리에서 찾지 않는다. 세상의 모든 재앙과 비참함보다 바울을 괴롭게 한 것은 죄였다.

만일 당신의 이름이 불명예로 더럽혀진다면, 그리고 당신의 뜻이 십자가에 못 박힌다면, 당신의 심령은 슬퍼하고 잠잠하지 않을 것이다. 그러나 주님은 당신의 죄 때문에 그리고 당신 주위의 죄 때문에 날마다 그 명예를 잃어버리실 것이다. 하지만 당신은 그런 광경을 보고 눈물 한 방울, 한숨 한 번, 탄식 한 번 하지 않는다. 주님이 분명히 살아 계신데도 당신은 주님의 이름과 명예를 당신의 가장 큰 선으로 구하지 않는다.

다섯째, 죄의 권능은 단지 연약함(infirmity)이라고 오해한다. 어떤 것이 거듭나지 않은 사람을 괴롭게 하고, 그로 자신의 상태를 의심스럽게 생각하도록 만든다면, 이것은 그 존재 안에 있든 혹은 죄의 권능 안에 있든 간에 죄이다.

그 존재 안에 있는 죄는 사람으로 하여금 자신의 상태를 의심하게 만들지 않아야 하며 그렇게 해서도 안 된다. 가장 거룩한 사람은 자신을 겸손하게 하고 또 자신을 믿음으로 살도록 만드는 것을 자신 안에 가지고 있기 때문이다. 오직 죄의 권능만이 당연하게 사람을 이처럼 괴롭힐 수 있을 뿐이다.

어떤 사람이 이것을 연약함(물론, 가장 거룩한 존재도 동시에 이것에 둘러싸여 있다)이라고 오해한다면, 그는 안일하게 누워서 자신이 괜찮다고 생각할 수밖에 없다. 만일 이런 오류가 누구도 알 수 없는 죄 가운데 살고 있는 자 안에 안착된다면, 이를 떼어 내기는 매우 어렵다. 목사가 그들의 얼굴에 지옥의 불티를 던지고, 그들에 대한 하나님의 공포를 선언해도 그들은 꿈쩍도 하지 않는다.

왜 그런가?

그들은 여기가 죄 가운데 살고 있는 당신을 위한 곳이지만, 자신에 대해서는 비록 죄를 갖고 있어도 죄와 싸우고 있으나 이를 떠나보낼 수 없다고 생각한다. 그래서 그들은 이렇게 말한다.

"우리가 여기서 살고 있는 한 죄를 안고 살아야 해."

이제 자신의 정욕과 죄라는 피비린내 나는 지배와 주관 아래 있는 인간에 대해 보다 확실한 징표가 있음을 주목하라.

그들이 죄를 이길 수 없는 까닭에 죄 때문에 크게 고통을 느끼지 않으며(이것 때문에 그들은 약간 괴로워할 뿐이다), 죄에 굴복하는 것이다(결코 그렇게 작고 흔한 것은 아닐지라도). 그들은 죄를 이길 수 없기 때문이다.

나는 가장 거룩한 존재도 날마다 죄를 짓고 있음을 부정하지 않는다. 이것이 바울 그리고 모든 하나님의 자녀의 경향(disposition)이다. 즉, 그는 죄를 두고 매우 크게 신음한다. 그렇더라도 그는 죄를 완전히 굴복시키거나 내던지거나 극복할 수 없다. 어떤 죄수는 자신이 깰 수 없는 쇠사슬에 묶인 것을 두고 신음한다.

사람이 끊을 수 있는 '광기의 죄'(a raging sin)와 사람이 끊을 수 없는 '연약함의 죄'(a sin of infirmity) 사이에 이처럼 커다란 차이가 있다. 연약함의 죄는 사람이 마음을 먹지만 끊을 수 없는 죄이다. 따라서 그는 죄를 두고 더 많이 신음한다. 반면, 광기의 죄는 사람이 자신의 채찍질하는 양심의 능력 때문에 때로 끊으려고 하지만 끊지 못하는 그런 죄이다. 그래서 그는 죄를 두고 약간 신음할 뿐이며 죄에 굴복한다.

이제 주님을 위해 이런 속임수에 깊이 주의하라.

당신이 밤낮으로 죄 아래에서 탄식하지 않는다면(그리고 말하라, "오! 주여, 나를 도우소서. 나는 내 자신과 내 삶이 피곤하나이다"), 당신이 끊을 수 없는 그런 죄가 분명 당신을 파멸로 이끌 것이다.

당신은 이렇게 말한다.

"모두가 때로 그러하듯 나는 말하는 것이 게으르고 생각이 헛되며 하는 일이 나쁘다."

그런 죄는 당신을 붙들어 매는 영원한 사슬이 되어, 심판의 큰 날까지 마귀의 권능 아래 당신을 붙잡아 맬 것이다.

여기까지가 지식의 부패에 대한 것이며, 사람들은 보통 이 부패 때문에 미혹된다. 이제 두 번째 주제다.

(2) 양심 안에서 잉태된 거짓된 사생아적 평안
왜 정찰병이 잠들 때나 혹은 적이 그들에게 가까움에도 거짓 보고를 할 때 아군 진지가 떨어야 하는가?
대부분의 사람은 자신이 안전한 처지에 있다고 생각한다. 예전에 고통스런 상태에 있었던 적이 없었기 때문이다. 아니면, 그들이 고통을 받았더라도 이후에 어떤 평안과 위로를 가졌기 때문이다. 이 거짓 평안이 심령 안에 생겨나는 이유는 다음의 네 가지이다.

① 사탄
사탄의 나라는 나뉘어지고, 그래서 늘 소동 가운데 있다면 망할 것이다. 따라서 사탄은 평안을 위해 힘쓴다.

> 강한 자가 무장을 하고 자기 집을 지킬 때에는 그 소유가 안전하되(눅 11:21).

다시 말하면, 사탄이 풍성한 임기응변과 육적 타당성으로 무장하고 사람들의 영혼을 소유할 때 그 영혼은 평안하다. 마치 주인이 자신의 종들에게 평안을 주듯이 마귀 또한 마찬가지다. 즉, 영혼을 괴롭게 하는 모든 것을 제거해 줌으로써, 그리고 영혼에게 자신을 잠잠하게 하고 위로할 수 있는 모든 것, 즉 먹을 것, 마실 것, 안식과 집 등을 주므로 사탄은 자신의 종과 노예를 다룬다.

첫째, 사탄은 양심을 괴롭히는 것들을 제거하여 거짓 평안을 준다. 사람은 어떤 죄 가운데 살 수 있지만, 결코 그 죄 때문에 괴롭힘을 당하지 않을 수도 있다. 양심의 빛에 반하는 죄는 오직 양심만을 괴롭힐 뿐이다. 아이들이 흙먼지 가운데 뛰어 놀지만, 그들은 먼지에 전혀 괴롭힘을 당하지 않으며, 나아가 흙먼지 속에서 뒹구는 재미를 즐긴다. 먼지는 단지 그들 눈에 반짝일 뿐이다(그것이 작든 크든 간에).

젊은 관원이 그리스도께 와서 자신은 젊어서부터 모든 계명을 지켰다고 자랑했다. 하지만 슬픈 기색을 띠고 돌아갔다. 왜냐하면, 그가 전에 기쁨으로 그 안에서 살았던 그 먼지가 이제는 그의 눈에 떨어져 고통을 주었기 때문이다.

이제 마귀의 궤계를 주목하자.

마귀는 사람으로 죄 가운데 뒹굴며 기뻐하게 할 수 있고, 그렇게 자신을 섬기게 만들 수 있다. 하지만 사람으로 양심에 반하는 죄 가운데서 고통스럽게 살도록 하지 않으려 한다. 이것 때문에 그가 괴로움을 받게 되면 이런 비참한 처지에서 벗어나기를 구하려 할 것이기 때문이다.

사탄은 이 사람이 자신의 소유임을 확신한다. 이제 미혹된 불쌍한 사람이 왔다갔다 하지만 자신의 구원 문제에 대해서는 의심하지 않는다.

왜 그런가?

그들의 양심이(그들은 하나님께 감사한다) 깨끗하고, 자신이 그 안에서 살고 있는 단 하나의 죄도 알지 못하기 때문이다. 그들은 스스로 자신의 상태가 나쁘다는 것을 의심하게 만드는 어떤 것도 알지 못한다.

> 내가 의인을 부르러 온 것이 아니요, 죄인을 불러 회개시키러 왔노라(눅 5:32).

주님의 생각으로는 그런 자가 전부 죄인이다.

모든 죄는 '하나님의 자녀의 병'(a child of God's sickness)인 까닭에 그에게는 어떤 종류의 슬픔이 반드시 있는 것이 당연하다. 하지만 어떤 죄는 오직 '육적 인간'(natural man)의 병인 까닭에, 그것들이 제거되면, 그는 예전 슬픔에서 돌이켜 다시금 괜찮아지고 그래서 자신이 건전하다고 여긴다. 하지만 주 예수님은 결코 그런 자를 구하려고 오신 것이 아니다. 그러므로 사탄은 계속 그들을 소유한다.

주님을 위해 이 미묘한 차이를 바라보라.

많은 사람이 스스로 좋은 처지에 있다고 여긴다. 왜냐하면, 자신들이 그 안에 살고 있는 특정한 죄를 알지 못하기 때문이다. 반면, 사탄은 그런 자를 강하게 소유할 수 있다. 자신을 조이는 빗장에 묶인 자가 곧 그것을 풀고 도망가려 할 때, 그들이 눈에 보이지 않는 족쇄와 사슬로 매여 있는 것처럼 사탄은 그런 자를 더 강하게 소유할 수 있다.

둘째, 사탄은 영혼에게 어떤 죄 된 삶 가운데서 스스로 생기를 북돋을 수 있는 자유를 준다. 그래서 사람은 양심의 눈이 찔림을 느끼지 못하고 상처를 받지 않을 수 있다.

종들이, 항상 일에 매어 있게 되면, 밖으로 전혀 나갈 수 없어 일과 주인에 대해 싫증을 낸다. 따라서 주인은 그들을 어느 정도 풀어 주어 그들로 기쁘게 한다. 온종일 하나님의 일을 하느라 억눌려 있는 것, 깨어 있는 것, 기도하는 것, 각종 죄와 싸우는 것, 이것은 짐이며 너무 힘들다. 그들은 이 짐을 감당할 수 없기에 주님이 자신에게서 그것을 찾지 않으신다고 생각한다.

이제 사탄은 사람들에게 그들의 죄 된 삶 가운데 자유를 준다. 그리고 이 자유는 평안을 낳고, 이 평안은 그들로 자신에 대해 괜찮다고 생각하게 만든다(벧후 2:19).

요즈음 썩은 신앙고백자들이 많다. 이들은 하나님께 신실한 백성을 대적하지 않는다. 그러나 그들은 느슨하게 걸으며, 입의 자유, 생각의 자유, 욕망과 즐거움의 자유, 동행의 자유, 오락의 자유를 마구 취한다. 때로는 그리스도인의 자유라는 미명 아래서 말이다. 그리고 절대로 이런 질문을 던지지 않는다. 스스로를 괴롭히지 않기 위해서다.

"나는 무슨 목적을 위해, 어떤 방식으로 이런 것들을 이용하지?"

의로운 사람은 정반대이다.

의로운 사람은 항상 두려워하며, 모든 율법적 자유 안에 자신에게 덫이 있지나 않을까 생각한다.

"혹시나 내가 나의 웃음소리와 즐거움 가운데, 나의 말 가운데, 나의 잠자리에서 죄를 짓지는 않을까?"

오! 이 자유는 마귀가 주며 세상이 취하는 것이다.

이 자유는 대부분의 사람을 술 취하게 하며, 그래서 그들은 만사가 자신에게는 괜찮다는 어리석은 생각을 품게 한다.

셋째, 사탄은 영혼에게 좋은 양식, 곧 먹을 것과 마실 것을 충분히 준다. 이는 사탄이 가장 좋아하는 요리이다. 주인이 자유를 준다고 해도, 그 좋은 먹을 것, 마실 것, 음식을 갖지 않는 한 기뻐하지 않는다. 마찬가지로 하늘 아래 있는 모든 악인은 법적 테두리를 쉽게 넘어가는 너무 많은 자유를 가지고 있다. 그는 어떤 비합법적인 은밀한 정욕으로 자기 심령을 배불린다. 항상 정욕 속에 살면서도 이를 알지 못하지만 말이다(눅 16장).

부자는 자신의 요리, 자신의 좋은 것들을 가졌고, 노래하고 잤으며, 자기 영혼으로 평안과 안식을 취하도록 구했다. 그렇다. 하지만 다음을 주목하라.

음식 안에 독이 들어 있지만, 유익한 것, 좋은 것, 합법적인 것으로 영혼에게 추천된다. 그들 그리스도인들은 새로운 이름으로 죄를 범한다. 마치 교황이 그들의 선택에 달린 것처럼 말이다. 그가 나쁘다면, 그들은 그를 때로는 비오(Pius)라고 부르고, 겁쟁이면 레오(Leo) 등으로 부른다.

마찬가지로 탐심은 좋은 살림살이(husbandry)이다. 친구를 옆에 두는 것은 좋은 이웃을 삼는 것이다. 파산으로부터 자신의 신용을 지키기 위한 거짓말은 오직 멋있는 변명일 뿐이다. 그것을 통해 영혼은 평안을 누리며 자신이 좋은 처지에 있다고 믿는다.

넷째, 사탄은 영혼에게 안식과 잠을 준다. 즉, 때로 죄 된 행위를 잠시 중단하게 한다. 그들은 자신이 죄 가운데 살고 있음을 겨우 인정한다. 왜냐하면, 그들이 때로는 죄의 행위를 멈추기 때문이다. 항상 거짓 맹세하며, 항상 술 취하고, 항상 화난 상태에 있는 사람은 없다.

이들은 이와 같은 죄 안에서 넘어지지만, 가장 거룩한 신앙인들도 때로 미끄러지고 넘어지기에, 여전히 자신들은 하나님의 자녀일 수 있다고 생각할 뿐이다.

사탄은 사람들로 하여금 항상 죄를 짓게 하지는 않으려 한다.

왜냐하면, 사람들은 그들 손에 언제나 술잔을, 그들 팔에는 매춘부를 취하려 하기 때문이다. 욕심 많은 사람은 언제나 이 땅에 뿌리를 박으려 하기 때문이고, 결코 기도하거나, 좋은 생각을 갖거나, 어떤 안식일도 지키지 않으려 하기 때문이다.

또한, 사람은 언제나 근거 없이(idly) 말을 하려 하며, 그의 입에서 좋은 말이 나와서는 안 되며, 양심은 결코 잠잠해서는 안 되며, 그가 행한 것 때문에 그를 흔들어 놓아야 하기 때문이다.

하지만 그에게 한동안 죄를 위한 휴지기(休止期)를 주는 것 때문에 사탄은 다음에는 더 강한 소유를 얻는다. 마태복음 12장 43절의 경우처럼 말이다. 더러운 영이 사람에게서 나가면 더 악해져서 돌아온다. 삼손의 힘은 언제나 남아 있었듯, 육적 인간 안의 죄의 힘도 그러하다. 하지만 시험이 오기 전까지 그 힘은 절대 나타나지 않는다.

다섯째, 사탄은 영혼에게 천국과 영생에 대한 상당한 약속을 준다. 그리고 이것을 심령에 묶어 놓는다. 대부분의 사람은 자신의 처지가 좋다고 확신한다. 비록 하나님이 그들을 죽일지라도 그들은 주님을 신뢰할 것이다. 이것으로 피폐해질 수는 없다.

왜 그런가?

오! 사탄이 그들을 미혹하기 때문이다.

그는 뱀을 통해 하와에게 말했다. 그녀가 정녕 죽지 않을 것이라고 말이다. 이처럼 사탄은 영혼에 자신의 생각을 주입시킨다. 즉, 비록 영혼이 죄 가운데 살지만, 그는 죽지 않을 것이고, 가장 세심한 자들처럼 충분히 잘 할 것이라고 말이다. 사탄은 이처럼 좋은 말을 해 주지만, 그것은 비참한 삶일뿐이며 지옥의 영원한 불꽃이다.

② 거짓 교사들

이들은 정직하고 신앙 있는 사람들을, 일부는 느슨한 예시로, 일부는 공개적인 입에 발린 가르침으로, 사적으로는 큰 자선 행위로 모두 물들인다(그들은 이들에게는 좋은 친구다). 만일 그들이 아주 작은 고통을 받으면, 이들은 당장에 그들을 위로하고, 또 다쳤을 것 같은 경우에는 치유한다.

그들은 세례 요한이 헤롯 왕에게 했던 것처럼 하지 않는다. 그들의 헤로디아에 대해 기탄없이 말하지 않는 것이다. 그래서 이들은 스스로 정직하다고 판단한다. 왜냐하면, 목사가 이들에게 거지 같은 통행권을 줄 것이기 때문이다. 그래서 이들은 세상에서 나가 어린양처럼 죽임을 당하며 비참하게 속는다(마 24:11).

세상을 보라.

왜 그렇게 많은 사람이 구원받을 수 있다는 확신으로 자신의 심령을 배부르게 하는지, 그리고 그들의 삶은 그들을 정죄하지만, 그들의 심령은 그들에게 무죄라고 말하는지 그 이유를 보라.

그 이유는 선술집에는 가려 하면서 가정 안에서는 결코 기도하지 않으며, 엄격하고 따뜻한 사람이 아닌 목사가 세상에서는 정직하게 살아가는 좋은 신학자로는 알려져 있기 때문이다.

아합왕은 사백 명의 거짓 선지자에게 비참하게 속았다. 목사가 스스로 방탕한 삶을 산다면, 다른 사람들의 허물에 눈감아 주려 할 것이다. 왜냐하면, 그들을 책망함으로 그가 자신을 정죄하지 않기 위해 또한 그들이 자신에게, "의원아 너를 고치라"(눅 4:23)라고 말하지 않도록 하기 위해서이다. 한 무리 속 도적들이 서로의 것은 훔치지 않음은 서로 괴로움을 당하지 않기 위해서이다.

따라서 그들은 남들에게 배 삯으로 거짓 표를 주며, 살아갈 도구로 거짓된 규범을 준다. 그들의 비양심적인 위대한 자선 행위는 배를 삼키는 큰 수렁 같고(내 의미는 영혼이다), 폭풍에 흔들리며 위로를 받지 못한다(사 54:7-8). 그러므로 모두가 자기 그물에 걸리는 고기 신세이며 자신을 그렇게 생각한다.

③ 거짓 영

이것이 거짓 평안을 낳는 세 번째 이유다. 참된 성령이 있는 까닭에 다음과 같은 일이 일어난다.

> 성령이 친히 우리 영으로 더불어 우리가 하나님의 자녀인 것을 증거하신다(롬 8:16).

마찬가지로 참된 성령처럼 거짓 영이 있어 그들이 하나님의 자녀임을 증거한다(요일 4:1). 우리는 영을 시험해 보라는 명령을 듣는다.

이 영들이 하나님의 참된 영과 같지 않다면, 시험이 필요한 이유가 있는가?

서로가 전혀 다른데, 먼지가 금인지를 시험할 필요가 있겠는가?

나는 이 영을 말하고자 한다(마 24:23). 이제 참된 성령이 증거한 것처럼, 마찬가지로 거짓 영도 이와 비슷하기 때문에 역시 증거한다.

이를 바라보라.

첫째, 하나님의 영은 영혼을 낮춘다. 사람들이 거짓 영의 증거를 갖기 전에는 영 때문에 크게 의기소침하고 기가 죽는다. 여기서 그들은 편히 쉬기를 기도하고, 새로운 삶을 살기를 뜻하며, 모든 무기를 버리고 복종

한다(시 66:3).

둘째, 복음 안에서 하나님의 성령은 구원하시는 예수 그리스도와 그분의 의도를 계시한다. 마찬가지로 거짓 영도 그리스도의 탁월성을 밝혀내고, 만일 주님을 영접하려는 의도를 드러낸다.

이 거짓 영은 땅의 측량사들처럼 영혼을 대한다. 하지만 측량사들은 다른 사람들의 땅의 정확한 크기를 재지만, 결코 그 발걸음을 즐기려 하지 않는다. 발람도 그리했다(민 24:5-6). 이 거짓 영은 그들에게 천국의 영광과 하나님 백성을 보여 준다.

셋째, 이것 때문에 영혼은 그들이 그런 것처럼, 영향을 받게 되고, 예수 그리스도의 선하심과 감미로움을 맛보게 된다(히 6장). 또한, 영혼은 격정적인 찬양을 시작한다.

"오! 현재의 나 또한 과거의 나 같은 곤고한 악인을 위해 어떤 소망이 항상 있기를!"

이처럼 영혼은 매우 기뻐하니, 마치 어떤 자가 반쯤 천국에 오른 기분이다.

넷째, 이런 까닭에 영혼은 상처를 입은 후에 위로를 받는 것 때문에 이제 하나님을 나의 하나님으로 부르고, 그리스도를 나의 달콤한 구세주라 부른다. 그리고 이제는 구원받을 것임을 의심하지 않는다.

왜 그런가?

많은 슬픔과 의심 이후에 많은 위로를 받기 때문이다(호 8:2-3). 하지만 그는 아직도 미혹되고 비참한 피조물로 남아 있다.

여기서 참된 영과 거짓 영 간의 차이를 주목하라.

거짓 영은 사람으로 자신이 은혜의 상태 가운데 있고 또한 구원받을 것이라 믿도록 만든다. 이는 그가 그리스도를 맛보았고 또한 그처럼 위로받았으며 그것도 풍성하게 받았기 때문이라는 것이다.

반면, 참된 영은 사람으로 자신의 처지가 선하고 안전하다고 설득한다. 이는 그가 그리스도를 맛보았을 뿐만 아니라 이 그리스도를 샀기 때문이다. 마치 복음서 안의 현명한 장사꾼이 진주를 발견하여 기뻐한 후, 이에 머무르지 아니하고 모든 소유를 팔아 그 진주를 산 것과 같다.

이는 포도주를 사려고 온 두 행상인과 같다. 한 명은 이를 맛보고 취한 상태에서 나가 버리면서, 이것을 자신의 것이라고 결론 낸다. 그처럼 하는 자는 거짓 영을 가진 자이다.

하지만 참된 영에 충만한 사람은 맛볼 뿐만 아니라, 그 포도주를 산다. 비록 그가 그 포도주를 맛보기 위해 올 때 이를 다 마셔 버리지는 않을지라도 그렇다. 하지만 그는 맛을 보는 것 때문에 마음이 동해 포도주를 사며 이제 이를 자신의 것이라 부른다.

마찬가지로 하나님의 자녀는 자신의 처음 회심에서는 하나님에 대해 조금, 그리스도에 대해 조금, 약속들에 대해 조금 맛볼 뿐, 하나님 안에 있는 모든 감미로움을 맛보는 것은 아니다. 그럼에도 불구하고 그는 하나님을 위해, 그리스도를 위해 모든 것을 포기하며, 또한 마찬가지로 그것들을 자신의 것으로 합법적으로 취하게 된다.

다시 요약하면, 거짓 영은 사람에게 위로와 평안을 주었지만 그로 하여금 그런 상태에 안주하도록 만든다. 하지만 성령은 영혼으로 주님의 사랑을 맛보게 만드셨고, 이제 영혼을 자극하여 주님을 위해 강력하게 행하고 일하게 하신다. 이제 영혼은 부르짖는다.

"나를 위해 기적을 행하신 그리스도를 위해 내가 무엇을 해야 할까? 내 머리카락 한 올 한 올이 주의 선하심을 말하는 혀라고 해도, 이는 너무 적을 것이리라."

여호와를 기뻐하는 것이 너희의 힘이니라(느 8:10).

자원하는 심령을 주사 나를 붙드소서(시 51:12).

혹은 갈대아역의 해석처럼 이는 "왕 같은 영"이다. 하나님 자녀안에 있는 양자의 영은 "내 마음의 소원은 좋으나 육신이 약하구나" 하며 엎드려 괴로워하면서 고통스럽게 누워 통곡하지 않는다. 그렇다. 자신이 사는 곳을 통치하는 영이 왕 같은 영이다.

④ **참된 약속을 잘못 적용**

이것이 거짓된 평안의 마지막 이유이다. 사람이 그 안에 하나님의 성령을 그리고 자신의 처지를 위해 하나님의 손과 약속을 (그가 생각한 것처럼) 가지면, 이제 그는 모든 것이 안전하다고 생각한다.

유대인들도 그리했다. 그들은 "우리 아버지는 아브라함이라"(요 8:39)라고 말했고 스스로를 안전하다고 자평했다. 왜냐하면, 하나님이 그들에게 "나는 너와 네 후손의 하나님이 되리라"(창 17:8)라고 약속하셨기 때문이다.

하지만 여기에 그것을 적용함에 있어서 하나님 자녀와 악인 간의 차이가 있다. 전자는 하나님의 약속들을 자신에게 적용한바, 그는 그 약속들 위에 살며 그것들이 아니면 아무것도 의지하지 않는다. 약속을 의지해 살아가는 자녀가 아니면 하나님이 누구에게 속하겠는가. 반면, 악인은 자신의 정욕 그리고 세상 피조물에 의지하여 살면서도 그 약속을 붙든다.

이런 네 가지 방편 때문에 사생아적인 거짓 평안이 잉태된다. 지금까지 이야기한 것이 인간이 자신을 속이는 두 번째 이유, 곧 양심 안에서의 거짓 평안이다. 이제 세 번째 주제로 가 보자.

(3) 의지의 부패와 이상 상태(distempers, 異常 狀態)

이것은 인간이 스스로 미혹되는 세 번째 이유이다. 많은 이유가 있으나 오직 세 가지만 말하려 한다.

첫째, 의지가 죄 된 삶을 살기로 결단할 때, 그 삶을 변호하는 일(a-work)에 그 이해(understanding)를 맞춘다. 따라서 이는 도적맞은 물건을 찾기 위해 온 사람처럼 영혼과 어울린다. 그는 이전에 뇌물을 받았던 까닭에 모든 곳을 뒤진다. 하지만 정작 있는 곳은 제외한다.

마찬가지로 사람은 자신이 어떤 존재인지 결코 밝히지 않는다. 따라서 많은 사람이 그러하듯, 죄 된 삶의 감미로움을 맛보았던 자는(그에게는 쾌락이 뇌물이다) 자신의 심령 구석구석을 살펴 스스로를 시험하기 원하지만, 자신이 너무 사랑하는 정욕이 누워 있는 그곳만은 제외한다.

그는 정욕 위에 앉아 의도적으로 자신의 눈에서 이를 가린다. 마치 라헬이 훔친 드라빔을 숨기고 그 위에 앉았던 것처럼, 그는 자신을 결코 드러내지 않는다(요 3:20).

잠을 자려는 사람은 커튼을 내리고 모든 불빛을 끄며, 잠을 방해하는 것들을 끈다. 마찬가지로 어떤 사람이 편안히 어떤 개별적인 죄 된 삶 가운데서 잠들려는 생각을 한다면, 그는 자신을 탐구할 어떤 빛이 그의 마음에 들어오게 하지 않는다.

따라서 불경한 자는 지식이 많으나(그들의 견해는 정통적이고 그들의 언행은 풍미가 있다), 자신에 대해서는 거의 모르며, 자신에게 붙어 다니는 버려야 하는 죄와 정욕에 대해서도 거의 모른다. 왜냐하면, 이 빛이 그들을 괴롭히고, 편안하게 잠드는 것을 방해하니 여기에 커튼을 드리우기 때문이다.

그래서 많은 사람이 이익을 찾으려고 가장 천한 고리대금의 죄 중에 살면서 그 죄의 달콤함을 맛보는 가운데 경건서적을 읽으려 하고, 그들 생각에 자신의 일을 합법적이라 말하는 그런 목사들에게로 가서 죄에 대한 합법성을 변호하는 이유들을 찾아 모은다.

그렇게 함은 그들이 그 일이 죄로 인정되는 것을 원하지 않기 때문이요, 이것이 절대 죄가 아닌 이유를 찾기 위해서다. 그러나 그 바닥은 이것이다. 그들의 의지는 뇌물을 가졌고 그 이해는 변호사 노릇을 한다.

따라서 사람들은 가장 울부짖는 죄 가운데 살아가다가 분명히 망하게 될 것이다. 왜냐하면, 그들은 자신이 잘못 가운데 있음을 알려고 하지 않기 때문이다.

둘째, 의지가 죄를 완화시키고 작게 만드는 일에 그 이해를 맞출 때, 자신의 죄를 볼 때, 거짓된 자기 안경으로 봄으로써 이 죄를 작게 축소시킨다. 그들은 그처럼 작은 일들은 주님과 그들 영혼 사이에 맺은 언약을 위반한 것이 아니라고 생각한다.

따라서 그들은 말한다.

"가장 거룩한 인간도 하루에 일곱 번 죄를 짓는데, 누가 자신의 심령을 깨끗하다고 말할 수 있는가?"

하나님의 자녀는 작은 죄라도 지으면 평안을 얻지 못하는 이유는 무엇인가?

이는 그가 가장 작은 죄에 대해서도 그 공포스런 본질을 보기 때문이다. 주님처럼 너무 사랑스럽고 너무 큰 친구에게 범한 작은 잘못, 이것이 그의 심령을 쪼갠다. 하지만 육적 심령은 큰 죄에도 결코 괴로워하지 않으니 이는 그들이 이런 죄를 경히 여기는 까닭이다.

셋째, 하나님의 가공할 진노에 대한 의도적인 무지 때문에 사람들이 죄에 달려드는 것은 마치 말이 전쟁터에서 그러는 것과 같다. 사람들은 자신의 처지를 결코 두려워하지 않는다. 왜냐하면, 자신 머리 위에 걸려 있는 하나님의 진노를 알지 못하기 때문이다.

차가운 뱀도 추위에 얼게 되면, 결코 물거나 다치게 하지 않는다. 그리고 둥지를 가슴으로 품기도 한다. 하지만 뱀을 불 옆으로 가져가면, 그 놈은 혀를 날름거리며 꽉 문다. 죄도 마찬가지다. 죄를 하나님의 진노 가까이에 가져다 두면, (그 삼키는 불이) 즉시 사람들로 하여금 울부짖게 만든다.

"이제 나는 망했구나. 나는 잃어버린 피조물이구나."

이처럼 불을 받지 아니하면, 죄는 결코 사람으로 미쳐 부르짖게 하지 않는다. 이런 것들이 왜 사람들이 자신의 비참하고 슬픈 처지에 대해 무지한가 하는 이유들이다. 이 무지는 첫 번째 반석이요, 첫째 되는 '화약 음모사건'이다. 이것이 수천만 명의 사람을 망하게 한다.

하지만 더욱 위험한 이유들이 있다. 이것들은 더욱 은밀하기 때문이다.

2. 육적 안일함(carnal security)

인간 파멸의 두번째 이유는 육적 안일함이다. 안일함 때문에 사람들은 파멸에 대한 영향을 받지 않을 수 있다. 그들이 자신의 비참함을 안다고 해서, 그 비참함에서 빠져나오려는 심령을 갖는 것은 아니다.

사람의 마음이 자신의 비참함을 이해할지라도 심령이 강퍅하거나 잠자고 있다면, 그리고 이 비참함으로 영향을 받거나, 짐이 되거나, 상처받거나, 겸손해지거나 탄식에 이르지 않는다면, 그는 이 비참함에서 벗어나는 것에 크게 마음을 쓰지 않는다(사 29:9-10).

이것이 많은 영혼의 처지다. 그는 자신의 비참함을 안다. 그러나 졸리고, 안일하고, 감각 없는 잠의 영 때문에, 그는 이를 느끼지도, 이 밑에서 신음하지도, 이에서 나오지도 않는다.

이 안일함의 이유들은 다음과 같다.

1) 하나님이 사람들에게 충분한 진노를 쏟아붓지 않으시기 때문이다

하나님이 사람들 위에 놓인 진노의 장작에 불을 붙이지 않으시기 때문에, 하나님의 진노가 하늘로부터 유보되고 감추어지고 드러나지 않는다. 또한, 오랫동안 하나님은 얼굴을 찡그리시고, 목사들은 경고하고,

삶에서 어떤 심판을 받는데도 그들은 전혀 예수 그리스도 안에 있는 피난처를 구하지 않는다.

오히려 자신의 죄 가운데서 잠을 잔다. 하나님이 공포, 피, 불의 홍수를 비처럼 퍼부우실 때까지 말이다. 하나님의 화살이 사람들의 심령에 박힐 때까지 그들은 자신에게서 나와 예수 그리스도로 향하려 하지 않는다(전 8:11).

하나님의 재앙이 바로왕에게 임하는 동안 그는 공정한 말을 했으며, 또 모세에게 자신을 위해 기도하도록 했다. 하지만 하나님의 손이 사라지자 그의 심령은 강퍅해졌다.

하나님의 칼이 칼집에 꽂혀 있는 동안 사람들은 절대 순복하지 않으려는 완고한 심령을 갖는다. 그래서 하나님은 바로 그 심령에 상처를 내시고, 깊이 쪼개시며, 찌르고 꿰뚫으려 하신다. 그렇지 않으면, 사람들은 결코 순복하지 않으며, 결코 깨어나지 않기 때문이다. 하나님의 주먹이 사람들의 관자놀이를 치시고, 그들을 막대기에 매달아 버리시기 전까지 그리한다. 사람들은 사죄와 그들의 비참한 처지에서 해방을 위해 결코 깨어나 부르짖지 않는다.

2) 사람들의 강퍅한 심령 때문이다

만일 그들이 부분적으로라도 하나님의 진노를 느끼면 하나님을 두려워할 것이기에, 그들은 자신에게서 그 나쁜 날을 멀리할 것이다. 그러면서 앞으로는 더 잘 할 것이며 언젠가는 회개하기를 소망한다. 또한, 그들은 이렇게 말한다.

"영혼아, 먹고 마시자. 너의 재미(sports), 술잔, 매춘부를 따르라. 너는 많은 해 동안 다 쓸 수 없는 보물 같은 시간을 갖고 있구나(사 22:12-13). 영혼이 마치 밀납(wax)과 같음을 보라. 그러니 유순한 기질이 되지 않도록 그리고 불에 가까이 하지 않도록 하라. 그래서 녹아내리지 않고 여전히 굳은 채로 있게 하라."

여기서도 마찬가지다.

"남자나 여자나 점잖고 유순한 성품을 갖지 말며, 하나님의 진노가 그들의 심판에 있어 결코 그처럼 뜨겁고 무섭지 않게 하라."

만일 그들이 진노의 날을 자신에게 나타나지 않게 만든다면, 만일 그 진노가 그들 심령 위에 밝게 비췰 매 순간 준비되어 있음을 보지 않는다면, 그들은 결코 녹지 않는 강퍅한 심령으로 안일하고 잠자는 곤고한 자로 남아 절대로 자신의 비참한 처지에서 벗어나려고 탄식하지 않는다.

이것이 양심의 죄책을 갖는 많은 사람이 더 나아지려는 많은 비밀스런 소원과 목적을 가지지만, 자신이 죽음의 침상에 누울 때까지 미친 듯이 울부짖지 않으며, 긍휼을 진지하게 찾지 않는 이유이다.

그런 후에 그들이 하나님께 간청하는 것을 들어 보라.

"나를 시험하시고 나를 회복시켜 건강과 생명을 다시금 얻게 하소서. 내가 이를 얼마나 감사하는가를 보소서."

이제 그들이 자신에게 가까이 있는 진노와 비참함을 깨닫기 때문이다.

3) 그들이 하나님의 진노를 감당할 수 있다고 생각하기 때문이다

비록 그들이 그 진노가 매우 가깝고 심지어는 바로 문지방에 임했음을 알아도 그렇다. 사람들은 지옥이 그처럼 뜨겁지 않으며, 마귀도 그처럼 검지 않으며, 하나님도 실제보다는 그처럼 무섭지 않다고 생각한다. 따라서 선지자들은 하나님의 진노를 인간이 감당할 수 없는 것으로 표현했고, 하나님의 진노를 사는 그런 모든 저주받을 교만을 제하려 했다(나 1:9).

우리는 많은 사람이 죄 가운데서 제멋대로 행동하고, 망하더라도 그 진노를 감당할 수 있노라고 절망스럽게 결론 내는 것을 본다. 그들은 이 진노는 오직 '빌어먹을 것'일 뿐이라고 생각한다. 그래서 그들은 안일하게 나아간다.

오! 불쌍하고 곤고한 자들!

마귀는 온 세상을 겁주고 두렵게 하지만, 하나님의 진노에 마귀도 떤다. 그럼에도 안일한 사람들은 이를 두려워하지 않으며, 지옥은 그렇게 무서운 곳이 아니라고 말한다.

4) 그들이 더 나은 처지를 알지 못해서이다

따라서 그들이 자신의 비참하고 슬픈 조건을 느낄지라도, 이에서 빠져나오기를 원하지 않는다. 비록 세상에서 힘든 거처, 힘든 시절, 강퍅한 친구들, 강퍅한 심령을 발견해도 그들은 자신이 이 비참한 곳에서 발견한 것으로 임시변통하다가 결국 지옥에 이른다. 그런 자는 외적 비참함 혹은 내적 고통에 쫓겨 거기에 머물기 때문이다.

오! 임시변통하다가 마침내 지옥에 이르는 비참한 인생이여!

그들은 하나님 백성의 행복한 처지에 대해 들을 수 있지만, 경험적으로 이를 알지 못하기에 자신이 있는 그곳에 그대로 머물고 만다.

왕의 아들을 예로 들어 보자.

그를 천한 집에서 자라게 하면, 그는 나라나 왕관을 열망하지 않는다. 마찬가지로 사람들이 태어난 이 땅보다 더 좋은 것을 알지 못한다. 그래서 이 땅을 버리지 않고, 이곳에서 뭔가를 얻으려고 발버둥 치고 그보다 더 나은 유업을 얻으려 하지 않는다.

아내들이 자신의 사랑하는 남편이 오랫동안 부재하므로 탄식하는 것은 자신의 남편을 알고 그의 가치를 알기 때문이다. 그러나 하나님이 몇 주, 몇 달, 몇 년을 부재하셔도, 사람들은 이 때문에 눈물 한 방울 흘리지 않는다. 바로 하나님 임재의 그 감미로움을 맛보지 않았기 때문이다.

이상한 것은 사람들이 만족함을 취하고 있는 분야이다. 곧 그들은 그들의 술잔과 카드, 술병과 담뱃대, 개와 매에서 만족함을 얻는다. 하나님과 그리스도와의 교제, 말씀, 기도, 그리고 묵상보다 이런 것들에서 더 크게 만족한다. 어떤 율례는 그들에게 짐이요 감옥이다.

왜 그런가?

그리스도 안에서 미소를 지으시는 하나님의 임재보다 더러운 매춘녀 안에 있는 감미로움에 더 매료되기 때문인가?

아니다.

그들은 하나님의 가치, 감미로움, 만족함을 주는 선을 알지 못한다. 어떤 물고기는(그들의 말이다) 일단 깨끗한 물에 들어가면, 다시 돌아오지 않는다. 왜냐하면, 더러운 물과 깨끗한 물 간의 차이를 알기 때문이다.

사람도 마찬가지다. 하나님 백성의 행복을 한 번이라도 맛보았다면, 그들은 일천 개의 세상 것들 때문에 험하고 제멋대로인 바다에 반 시간도 다시 있으려 하지 않을 것이다.

5) 그들이 더 좋은 상태를 알아도 그들의 현재 쾌락 때문이다

그들의 나태함은 그들을 현혹시키고, 그들이 하나님을 찾을 때 하나님의 거절이 그들을 크게 낙담시킨다. 그래서 그들은 그런 처지 가운데 여전히 안일하게 잠을 잔다.

나태한 심령은 현재의 편안함과 쾌락 그리고 즐거움에 현혹되어 있으나, 그럼에도 그 심령은 많은 눈물을 흘리고, 많은 기도를 해야 하며, 여러 밤 동안의 잠을 깨우고, 만일 이를 수 있다면 거기 천국과 그리스도를 향하여 발걸음을 옮겨야 한다고 생각한다.

하지만 잠든 처지 가운데 낙담하고 죽어 가며 강퍅한 심령이 되어 차라리 숲 속의 두 마리 새보다 손안의 한 마리 새를 갖고자 한다. 이스라엘 백성은 다시 애굽에서 양파와 마늘을 먹기 원했다.

가나안은 없었던가?

아니, 있었다.

그럼에도 그들은 그렇게 원했으니, 이는 하늘까지 쌓은 성벽이 있었고, 그 땅에 거인들인 아낙 자손이 있어서 정복하기 어려웠기 때문이다.

오! 나태한 심령들이여!

또한, 하나님이 때로는 그들을 좁은 길에 두시고, 그들이 구한 바를 거절하셨던 까닭에 그들은 말벌같이 성미 급하고, 시무룩한 마음을 가지며, 주님이 그들을 항상 무릎 위에 두지 않으심으로 그들은 도망치려 한다. 그래서 많은 사람이 죄악되고 졸리며, 술 취한 상태에서 슬픔을 만난다.

천국과 더 나은 상태를 듣지만, 왜 그들이 정욕과 육의 병으로 다시 돌아가는가?

많은 어려움과 방해와 장애물이 그의 길에 있기 때문이었다. 그들이 기도하며 평안함을 찾지 않기 때문에, 아직도 비참한 처지 가운데 먹고 마시고 웃고 즐기고 잠을 잔다(마 7:14). 그러므로 사람들은 넓은 길로 걷는다. 이는 생명에 이르는 다른 문이 협착하고 좁기 때문이다.

이처럼 엄격한 것이 그들에게는 재앙, 짐, 독이다. 그러니 사람들은 차라리 한 시간 동안 기도하기보다는 거의 한 시간을 차꼬에 묶여 있고자 하며, 면류관을 받으려고 땀을 흘려 경주를 끝내기보다는 차라리 마지막에 정죄받기를 원한다. 따라서 사람들은 안일하게 있다.

6) 죄의 기묘하고 강한 권능 때문이다

죄는 인간의 영혼에 대한 영향력을 지니며, 그래서 사람이 이를 섬기게 만든다. 마치 죄수가 간수에게 허리를 굽히는 것처럼, 죄의 대가인 쾌락을 받았던 군인은 비록 그들이 영원한 파멸로 행진하더라도, 죄를 따르기를 그들의 상사에게 하듯 한다.

비록 심판날이 내일일지라도, 그들은 자신의 정욕을 섬기려 하며 또한 그리할 것이다. 소돔 사람들이 눈먼 상태가 됨은 그들의 눈에 고통을 준 것이니, 마치 가시로 찔린 것과 같고(히브리어 원문이 그렇게 의미한다), 파멸이 가까웠을 때도 그들은 문을 더듬었다. 사람들은 죄 때문에 망할지라도 죄를 지을 수밖에 없다. 따라서 그들은 안일하게 된다.

7) 하나님 긍휼에 대한 절망 때문이다

사람들은 가인처럼 하나님의 얼굴에서 떠난 배신자이다. 그들은 모든 것이 끝났기에 긍휼을 발견할 수 없으리라 생각한다. 따라서 그들은 절망적으로 죄 많은 자로 변해 간다. 로마 원로원의 의원들처럼 절망 속에서 목숨은 살려 주겠다는 중재에도 불구하고 자신의 악행을 의식한 까닭에, 괴상한 향연을 베풀고 그 마지막에는 모두가 독이 든 잔을 마시고 자살한다.

이처럼 사람들은 공포스럽고 강퍅한 심령을 느끼고, 나쁜 죄에 은밀히 관여한 결과, 목숨과 천국과 영혼을 던져 버리며, 결국 비참하게 망한다. 이는 그들의 삶이 절망적이고 또 그렇게 안일하기 때문이다.

8) 사람들이 하나님의 긍휼에 대한 거짓되고 알랑거리는 잘못된 소망을 키우기 때문이다

많은 사람이 만사가 자신에게는 무가치하다는 것을 알면서 의심한다. 그러나 자신이 어떤 좋은 처지에 있을 수 있고, 또한 하나님이 자신을 사랑할 수 있다는 소망을 가지고 있기 때문에 그들은 안일하게 누워 있고 알랑거리는 소망 가운데 안식한다.

그런 사람들은 자신이 은혜의 상태에 있는지 혹은 아닌지에 대해 절대로 어떤 결말이나 어떤 지점에 이를 수 없다. 그리고 절대로 영향을 받지 않으며, 그들의 상태 속에 안일하게 머물면서 보통은 절망적인 결론에 이르게 된다.

그들은 하나님이 자신들에게 풍성한 긍휼을 베푸시길 소망한다. 만일 그렇지 않다면, 그들도 어찌 할 도리가 없다. 마치 자신의 과녁 위에 하나님과 마귀의 사진을 걸어 놓은 것과 같다. 그는 하나님의 사진 밑에는 '만일 주가 원하지 않으신다면'(*Si tu non vis*)이라고 쓰며, 마귀 사진 밑에는 '그의 뜻이다'(*Ipse rogitat*)라고 쓴다.

9) 사람들은 하나님의 말씀 망치 아래 자기 심령을 가져와 부숴지는 걸 원하지 않기 때문이다

그래서 그들은 자신의 양심을 가져와 깨뜨리려 하지 않는다. 그들은 여전히 양심의 족쇄를 안고 안일하게 계속한다. 사람들은 자신을 말씀 위에 두며 자신의 심령을 망치 위에 둔다. 그들이 목사에게 온 목적은 자신을 겸비하기 하기 위한 것이 아니라, 그를 판단하기 위해 혹은 어떤 예쁘고 멋있는 것을 말씀으로부터 줍기 위해서 온다.

따라서 그들의 일생 동안 안일한 주정뱅이가 되고 만다. 왜냐하면, 심령이 깨어진다면, 양심이 깨어날 것이요, 말씀이 이를 이룰 것이기 때문이다. 하지만 사람들의 마음은 설교에 너무 밟혀 인도(人道)처럼 딱딱해진다.

10) 사람들이 하나님의 진노나 죄의 무서운 본질을 날마다 생각하지 않기 때문이다

사람들은 이 알약을 씹지 않는다. 따라서 결코 영향을 받거나 깨어나지 않는다.

그러므로 깨어나라.

당신들 모두 안일한 피조물들이여!
당신의 비천함을 느끼라.
그래서 여기서 나오도록 하라.

당신의 처지가 무라는 것 그리고 만일 당신이 망한다면, 당신의 정죄가 두려운 것이 될 것임을 아는가?
당신의 심령이 은밀하게 안일하며, 저주받을 만큼 죽어 있으며, 극도로 강퍅해서 이 처지에서 벗어날 마음이 없는가?
무엇이라고?
한숨도, 눈물도 없다고?
당신은 삼손이 성문을 등에 진 것처럼 자신의 모든 죄를 등에 짊어질 수 있는데, 이 죄를 가볍게 여길 셈인가?
당신은 눈앞에 지옥 불을 보면서도 그리 하려는가?
당신은 짐승보다 더 악한가?

우리는 어떤 피할 길이 있다면 짐승을 때리거나 불 가운데 몰아넣지 않을 것이다.
오! 당신의 심령이 자신의 비참함을 탄식하고 신음하도록 하라.
그러면 주님이 당신을 불쌍히 여기실지 누가 알겠는가?
하지만 강퍅한 심령이여!
당신은 상실과 십자가, 재물과 집의 불타는 것을 두고 신음할 수 있으되, 하나님을 잃어버리고 그분의 형상이 불에 타서 없어지고, 모든 것이 사라졌음에도 당신은 탄식할 수 없구나.
만일 당신의 심령이 진정으로 영향을 받았다면, 베개는 당신의 눈물로 적셔질 것이요, 성령을 슬프게 했던 죄 때문에 당신이 한밤중에도 잠 못 이루는 것을 당신 아내는 증거했을 것이다. 당신은 확신 없이는 잠잠하거나 편안하게 잠들 수 없었을 것이다.

만일 당신이 죽을 만큼 아프다면, 당신은 의사에게서 어떻게 그렇게 되었는지 들을 것이다. 만일 당신이 겸비하게 된다면, 성령이 탄식 가운데 당신으로 "내가 무엇을 해야 하나" 하고 외치게 하실 것이다.

당신은 여기서 신음해야 한다. 그렇지 않으면, 지옥에서 신음해야 할 것이다. 만일 하나님이 간통 때문에 다윗의 뼈를, 그리고 교만 때문에 천사의 등을 부수셨다면, 주님은 만일 당신을 구원하시고자 당신의 심령을 부수실 것이다.

[질문]
내 심령이 나의 비참함을 깨달으려면 어떻게 해야 하는가?

[대답 1]
당신의 비참함을 온전히 보도록 하라.

[대답 2]
당신을 긍휼로 받아들이시는 하나님의 '기꺼운 마음'(readiness)과 '열렬한 마음'(willingness)을 특별히 깨달으라.
다음 두 가지가 당신의 심령을 강퍅하게 한다.

첫째, 거짓된 소망이다. 이로써 사람은 자신이 참으로 자신의 실제 모습보다는 나쁘지 않을 것이라고 생각한다.

둘째, 소망 없음이다. 자신이 매우 나쁜 존재임을 알게 되었을 때 그런 괴물 같은 인간을 용서하시거나 그런 자를 받아들여 긍휼에 이르게 하시려는 주님의 열렬한 기꺼움이 없다고 생각한다.

그분의 망치가 당신의 돌 같은 심령을 부수거나 긍휼의 태양 빛이 이 심령을 녹일 수 없다면, 당신은 마귀보다 더 악한 심령을 가진 자요, 가장 큰 비참함의 대상자이다.
 이는 다음과 같은 두 가지 점에서 그렇다.

한 가지는 죄라는 측면이다. 당신이 죄를 지었다면, 이는 슬프게도 위대한 하나님에 대항하는 것이다. 당신은 이것을 큰 문제로 생각하지 않는다. 아니다. 그것은 큰 문제다. 비록 이것이 당신에게는 전혀 짐이 아닐 수 있어도, 주님의 심령 위에 놓인 짐이다(사 1:24).
 그러나 때가 오리니, 주님은 불과 피의 강으로 말미암아 모든 죄 된 세상으로 하여금 악이 무엇인지를 알도록 하실 것이다. 죄악들로 하나님을 치며 하나님의 심령에 비수를 꽂았기 때문이다.
 각 죄 가운데서 하나님께 앙심을 품는다. 친구가 자신을 심히 괴롭게 했다면, 그는 그 친구에게 앙심이 품지 않겠는가.
 이제 나에게 말해 보라.
 주님은 당신에게 좋은 친구가 아니었던가?
 나에게 말해 보라.
 어떤 점에서 주님을 당신을 슬퍼하게 했던가?
 그리고 나에게 말해 보라.
 당신이 어떤 것으로 마귀를 기쁘게 하고 하나님께 불쾌감을 주는지. 오직 죄로 말미암지 않은가.
 하지만 생각해 보라.
 당신은 각각의 죄악들로 하나님을 보좌에서 끌어내리고 당신 자신을 하나님 위에 세운다.
 누구의 뜻이 이루어지는가?
 하나님의 뜻인가, 인간의 뜻인가?
 사람은 죄 때문에 자기 자신의 뜻을 주님의 뜻 위에 두고, 그래서 주님을 차 버린다. 마치 자기 발 아래 먼지처럼 말이다.

그러나 하나님은 수백만 명의 성도와 천사에게서 영원한 찬양과 경배를 받으실 것이다.

무엇이라고?

이것이 당신의 심령을 부술 것이라고?

다른 한 가지는 하나님의 진노라는 측면이다.

하나님의 진노, 그 확실성, 그 참을 수 없음을 생각하라.

당신의 죄와 안일한 처지 가운데 죽어 가는 때 그 진노가 어떻게 떨어지는가를 생각하라.

사람들이 '평강, 평강' 하고 부르짖지만, 알지 못하는 때 갑작스런 파멸이 온다.

그러니 하나님께 기도하라.

하나님이 당신의 심령이 그 진노 아래서 부서지리라는 것을 당신에게 계시하실 것이다.

그리고 당신을 구하고자 하시는 주님의 긍휼과 의향을 고려하라.

주님은 긍휼을 준비하셨고 또한 당신이 이를 갖기를 간청하시며 끝까지 당신을 날마다 기다리신다.

3. 인간의 육적 확신

인간의 파멸에 대한 세 번째 이유는 육적 확신이다. 이로써 사람들은 자신의 구원을 구하며, 자신이 비참하다는 것을 느낄 때 자신의 의무와 행위들을 통해 거기에서 빠져나오려 애쓴다.

영혼은 사람들이 상처 입고 괴로움을 당하게 되는 때의 사람들처럼 행한다(호 5:13). 즉, 그들은 결코 예수 그리스도를 찾지 않고, 마치 화살을 맞은 사슴처럼 치유를 위해 자신의 샘으로 간다(롬 9:31-32).

이 점을 다음 두 가지로 설명하고자 한다.

1) 안주한다

안주함은 다음 열 가지 경우로 나타난다.

첫째, 불쌍한 죄인 영혼은 만일 하나님의 지식에 무지한 채 자라난다면, 맹목적인 미신적 허영심에 안주한다.

독실한 가톨릭 신자에게 어떻게 구원받을 수 있는지를 물어보라.

그는 자신의 선한 행위로 구원받는다고 말할 것이다.

하지만 더 깊이 물어보라.

"무엇이 선행인가?

그리고 그 이유는 무엇인가?"

대부분의 사람은 자신이 만든 생각에서 나온 미신적 생각을 말할 것이니, (까마귀는 자기 자신의 모습이 가장 아름답다고 생각한다) 예컨대, 자신을 매질하는 것, 순례, 금식, 묵주(Paternoster)를 돌리며 읊조리는 것, 마리아상과 십자가들 앞에 절하는 것 등이다.

둘째, 이제 이 의무들이 교회와 하나님 나라에서는 금지된 까닭에, 사람들은 참된 종교라는 유명무실한 신앙고백 위에 선다. 비록 자신의 삶에서는 마귀의 화신일지라도 그러하다.

하나님 나라를 위 아래로 살펴보라. 그러면 어떤 자들은 선술집과 눈먼 술집에서 떠들면서 술을 마시고, 주사위와 카드 놀이, 그리고 매춘 행위를 하는 것을 볼 것이며, 다른 자들은 무분별하게 맹세를 내뱉고, 마구 입을 열어, 마치 성난 바다처럼 더럽고 천박한 말을 쏟아내는 것을 볼 것이다. 또 다른 자들은 이스마엘처럼 가장 경건한 이들을 조롱한다.

그럼에도 자신들은 구원을 받을 것이라고 확신한다.

그들은 "나는 가톨릭 신자가 아니야"라고 말한다.

하지만 그들을 목매달아 보라. 그러면 그들은 자신의 종교를 위해 죽을 것이며, 하나님의 은혜로 다시 돌아서기보다는 차라리 불타고자 할 것이다. 이처럼 유대인들은 자신들이 아브라함의 후손인 것을 자랑했다. 마찬가지로 우리의 육적 인간들도 자랑한다.

'내가 좋은 개신교도 아닌가?'

'나는 세례받은 자가 아닌가?'

'내가 교회에서 살고 있지 않는가?'

그래서 그들은 여기 안주한 상태로 구원받을 것을 소망한다.

내가 기억하는 어떤 재판관이 있다. 어떤 이가 자신은 신사라고 말하며, 교수형을 받지 않게 한 번만 목숨을 살려 달라고 그에게 호소하면, 재판관은 그에게 교수대가 좀 더 높아야 한다고 말한다.

마찬가지로 당신은 술 마시고, 거짓 맹세하고, 매춘을 하며, 기도를 등한시하고, 하나님의 안식일을 어기면서도, "나는 그리스도인이고 그것도 훌륭한 개신교도야"라고 변호하며 구원받기를 소망한다.

하지만 나는 당신에게 이렇게 말하겠다.

"당신에 대한 정죄는 더 클 것이다. 그리고 지옥의 재앙도 크고 무거울 것이다."

셋째, 사람들이 여기서 어떤 평안도 얻지 못하면, 자신의 내면의 선함으로 달려가 거기 안주한다.

많은 사람의 침실 안으로 따라가 보면, 매우 독실한 것을 볼 것이다. 그들은 하나님의 긍휼과 죄 사함을 위해 전심으로 기도한다.

그러나 그들이 그 침실에서 나온 뒤를 따라가 보라. 그리고 그들의 언행을 주목해 보라. 그러면 그것이 거품처럼 공허하고 헛되며, 때로는 믿음과 진실로 분칠되어 있지만, 음란한 말인 것을 알게 될 것이다.

그들의 뜻이 반대를 만날 때 그들을 주목해 보라. 그러면 그들은 말벌처럼 화를 내며, 칠면조처럼 부풀고, 뱀처럼 맹독을 쏘아대는 것을 보게 될 것이다.

여행 중인 그들을 주목해 보라. 그러면 그들은 총알같이 선술집에 들어가 거기서 게걸스럽게 술을 들이키고 뽐내는 모습을 보게 될 것이다.

그래서 이 나라의 인간 쓰레기와 비슷하게 불경하고, 때로는 반쯤 술에 취한 모습이 되어 있음을 보게 될 것이다.

주일날의 그들을 주목해 보라. 그리고 교회 밖으로 그들을 데리고 나가서 그들의 경건의 옷을 벗겨 보라. 그러면 그들은 평소 때와 똑같다.

또한, 그들이 그날에는 일이나 운동을 쉬어야 하기에 양심에 거리낌 없이 아침에 늦잠을 잘 수 있다고 여긴다. 그렇다면 이제 물어보라. 그런 자들이 어떻게 구원받기를 소망하는지를 말이다. 그 삶이 그렇게 나쁘다는 것을 안다면 말이다.

그들은 자신들이 그런 겉모습으로 참된 신앙을 드러내지 않을지라도, 개인적으로는 좋은 기도를 하고 있으며, 자신의 심령은 선하다고 말한다.

오! 형제들이여!

자기 심령과 좋은 처지를 신뢰하고 그 가운데 안주하는 자는 어리석은 자이다.

어떤 이가 내게 말한 것이 있다. 그는 런던에서 온종일 선술집, 극장, 사창가를 들락거렸지만, 아침에 거기에 가기 전에는 반드시 개인 기도를 했다는 것이다. 게다가 가기 전에 이렇게 말했다고 했다.

"자, 마귀야, 최악의 일을 하라."

이처럼 그는 불쌍하고 약하며 겁 많은 마귀에게 대항하는 유일한 마법과 주문을 자신의 기도로(많은 이가 그렇게 한다) 사용했다. 그들은 자신 안에 선한 심령이 있고 또한 자기 침실에서 좋은 기도를 드리는 한, 그런 도전이 자신을 결코 해치지 않는다고 생각한다. 따라서 그들은 만약 설교자가 다음과 같이, 즉 하나님은 그들의 선한 욕망들을 받아 주신다는 것으로 위로하지 않는다면, 엄한 주인처럼 설교자를 악담하는 위치에까지 나아가려 한다.

넷째, 사람들은 자신의 선한 심령이 자신을 잠잠하게 할 수 없고, 양심이 자신에게 생활 모습은 불건전하고 속은 그 중심이 썩었다고 말한다면, 그들은 자신을 '개선하는 일'(reformation)에 몰두한다.

그들은 행음, 음주, 사기, 게임, 작당(作黨), 거짓 맹세 그리고 그런 떠들썩한 죄를 피하려 한다. 그래서 모든 사람이 그가 이제 새사람이 되었다고 말한다. 그리고 자신도 구원받을 것이라고 여긴다(벧후 2:20).

그들이 세상의 오염을 피한다. 하지만 그들은 마치 겉에 묻은 오물을 씻은 돼지와 같다고나 할까. 돼지의 본성은 아직 그대로 남아 있으니.

아무것도 모른 채, 어느 위험한 곳으로 가는 선원들과 같다. 그들은 폭풍을 만나더라도 되돌아가지 않는다. 오히려 그들의 배를 위험하게 만드는 화물을 바다로 내던지고 계속 앞으로만 전진해 간다.

마찬가지로 지옥을 향해 가는 많은 사람 자신의 정욕과 죄를 버리라는 양심의 강요를 받는다. 하지만 들은 채도 않고 지옥을 향해 여전히 같은 길을 간다.

멧돼지 같은 가장 사나운 짐승들은 오래 잠들지 못하게 깨어 있게 만들면, 길들여지게 된다. 마찬가지로 양심이 사람에게 자신이 안고 살아가는 어떤 죄를 두고 안주하지 않도록 하면, 그는 길들여진다. 이전에는 야생의 신사였던 자가 여전히 동일한 사람이지만, 이제 길들여져서 그의 모든 삶이 예의 바르고 부드러워진다. 따라서 사람들은 개선에 안주한다.

일반적으로 개선은 단지 어떤 '자신들을 괴롭히는 죄'로부터 일어난다. 이는 그들이 다른 시장에서 그들의 죄를 거래하는 것이 더 낫다고 여기기 때문이다. 그래서 어떤 사람은 음주, 행음으로부터 떠난다. 하지만 탐욕스러운 인간으로 변한다. 왜냐하면, 탐욕이라는 시장에 더 많은 이익이 있기 때문이다. 때로는 죄가 노인처럼 그들을 떠났기 때문에 그렇게 된다.

다섯째, 만일 그들이 여기서 안식을 소유할 수 없다면, 다른 출발점, 즉 자신의 겸비함, 회개, 눈물, 슬픔, 그리고 신앙고백으로 나아간다.

그들은 자신의 영혼을 고통스럽게 하지 않는 한, 자신의 삶의 개선만으로는 구원받을 수 없음을 듣는다. 또한, 이 땅에서 슬피 울어야 하며, 그렇지 않다면, 앞으로 지옥에서 울부짖어야 한다는 것도 듣는다. 그래서 그들은 슬픔, 눈물, 죄의 고백으로 스스로 나아간다. 그러면 이제 바람은 잠잠해지고 폭풍은 끝난다. 그래서 그들 스스로를 안전하게 만든다(마 11:1).

그들은 회개하려 한다. 베자(Beza)의 말처럼, 하늘에서 어떤 진노가 불붙으면, 이방인은 굵은 베옷을 입고 슬픔으로 나아간다. 그리고 다시금 하나님의 분노가 진정될 것이라고 생각하며 여기에 안주한다.

많은 사람이 그렇다. 그들은 병든 양심의 경련과 가책을 가지고 있다. 그래서 그들은 까마귀처럼 행동한다. 까마귀는 아프면 어떤 돌을 삼킨다. 그런 후 구역질을 하고 나면 다시 괜찮아진다. 이처럼 사람들은 죄 때문에 괴로움을 당할 때면, 스스로 기도의 구역질, 고백과 겸비함의 구역질을 하려 한다(사 58:5).

따라서 많은 사람이 이 의사, 즉 슬픔과 눈물이 아무짝에도 쓸모가 없을 때 그들은 그것들을 다시 내던진다. 왜냐하면, 그들은 이것들을 자신의 하나님과 그리스도로 삼지만 이것들이 자신을 구원할 수 없을 때, 이것들을 버리기 때문이다(마 3:14).

슬픈 감정보다는 강퍅하고, 죽어 있고, 눈멀고, 더러운 심령의 짐에 대한 감정이 일어날 때 더 많은 사람이 그리스도께 나아간다. 왜냐하면, 대부분의 사람은 보통 슬픔 안에서 안식하기 때문이다. 하지만 강퍅하고, 죽어 있고, 눈멀고, 더러운 심령의 짐을 느낄 때는 떨면서 자신에게서 도망치려고 한다.

따라서 사람들은 자신의 회개 속에 안주한다. 그러므로 오스틴(Austin)이 이런 아름다운 말을 했다.

회개는 죄보다 더욱 정죄한다(repentance damneth more than sin).

이 말은 가혹하게 들린다. 이 말은 수천 명이 회개에 안주했기 때문에 멸망했다는 의미이다.

그러므로 많은 사람이 풍성한 신앙 감정을 갖는다면, 하나님께 좋게 인정받고 있다고 여긴다. 하지만 그런 감정이 사라지고, 예전에 한때 그랬던 것처럼, 그들이 슬퍼하거나 감정적 영향을 느끼지 못할 때면 자신이 버려진 자라고 여긴다. 왜냐하면, 그들이 그것들 안에 안주해 버리기 때문이다.

여섯째, 만일 그들이 이 땅에서 안식이 주어지지 않는다면, 그들은 도덕적 인간으로 바뀐다. 다시 말하면, 도덕법의 모든 의무에 엄격해진다.

도덕법은 개선이나 겸비함보다 더 큰 문제이다. 즉, 그들은 사람들을 다루는 데 있어서 매우 정의롭고 엄격하다. 또한, 하나님을 향한 첫 십계명(첫째 계명부터 넷째 계명까지)의 의무들, 특히 금식, 기도, 말씀 듣기, 성경 읽기, 안식일 준수에 있어 탁월한 엄격함을 보인다. 바리새인들이 이렇게 살았다. 그래서 그들은 "우리 종교의 가장 엄한 파"(행 26:5)로 불린다.

오해가 없기를 바란다. 나는 엄격함을 반대하는 것이 아니라, 그 엄격함 안에 안주하는 것을 말하고 있다. 우리의 의가 바리새인의 의를 뛰어넘지 않고는 천국에 들어갈 수 없기 때문이다.

바리새인 같은 사람들은, 격리 병동처럼 비도덕적인 사람과 장소에서 벗어나 최상의 책들을 추천하며, 그 당시의 죄에 대해 한탄한다. 또한, 예의 바르고 도덕적인 사람들에게 항의하고(눈은 스스로를 보지 않는다), 또한 열심과 앞장서는 것을 극구 칭찬한다.

하나님이나 사람에 대해 행해져야 할 많은 도덕적 의무에 대해 도덕적 인간과 함께 이야기하라. 그러면 그는 이것의 탁월성과 필요성에 대해 유창하게 말할 것이다. 왜냐하면, 그가 자신의 생계를 유지하고 영생을 얻으려는 사업과 재능이 거기에 있기 때문이다.

하지만 그리스도, 그분 안에, 그분으로부터 오는 믿음으로 사는 것, 그리고 그 약속 위에 영혼을 놓는 것을 말해 보라(이것은 복음적 의의 단편들이다). 그러면 그가 어떤 논점에서는 매우 능수능란할지라도, 이것에 대해서는 거의 짐승처럼 무지하다는 점이 관찰될 것이다.

따라서 목사가 시대의 죄를 반박하며 선포하면, 그들은 이를 특별한 설교로 칭찬한다(마치 당연히 그럴 가치가 있는 것처럼 말이다). 하지만 목사가 어떤 영적이고 내적이며 영혼이 일하는 것들에 대해 말하면, 그들은 자리를 떠난다. 그러면서 자신이 판단해 볼 때, 그 설교는 혼란스럽고 애매하다고 말한다. 그들 입장에서 그들은 그 목사를 이해하지 못했기 때문이다.

사랑하는 자여!

그림은 보기에 아름다운 것이다. 그것은 그림이 가진 모든 선함이다. 이런 사람들도 마찬가지다. 복음서 안에서 마치 그리스도께서 젊은이를 보고 사랑하셨던 것과 같다. 그것이 그들의 탁월성이다.

우리가 알다시피, 노아 홍수 때 방주 안에 있지 않은 모든 자는, 비록 가장 높은 산꼭대기에 올라가 거기에 이르렀어도 결국 물에 빠졌다. 그러니 도덕 안에서 그리고 십계명 안에서 높이 올라가려고 애쓰지 마라.

만일 당신이 하나님의 방주인 주 예수 그리스도 안으로 들어가지 않으면 영원히 망할 것임은 확실하다.

일곱째, 만일 그들이 여기 도덕성 안에서도 안식을 얻지 못한다면, 그들은 선한 대의와 삶에 대해 놀랄 만큼 열심을 갖게 되며, 내적으로 뜨겁게 달구어진다. 그리고 그들은 거기에 머물면서 자신의 불로 스스로를 덥힐 뿐이다.

이처럼 바울도 한때는 열심이었고 거기서 안주했다(빌 3:6). 그들은 많은 사람이 그렇듯 껍데기 안에 있는 달팽이처럼 사는 대신, 차라리 행함이 부족한 것 때문에 정죄받기를 원할 것이다. 그래서 자기 영혼의 죄를 용서받기 위해 자신의 재물, 아이들, 거의 모든 것을 기꺼이 내어 주는 것으로 만족한다(미 6:7).

여덟째, 만일 그들이 이런 것에서 어떤 도움도 찾지 못한다면, 그들은 자신들이 모든 것을 이루었을 때도 자신들은 무익한 종들이며, 자신들이 하는 모든 일에서 죄를 범하고 있다고 억지로 말한다. 그러면서 그들은 복음적 순종 같은 것 안에 안주한다.

그들은 하나님을 기쁘시게 하는 것은 자신이 행하는 선한 의무 가운데서 그들이 보인 실패들을 두고 탄식하는 것이요, 더 나은 자가 되기를 원하는 것이며, 그렇게 되는 때가 오기를 약속하는 것이라고 여긴다. 이처럼 그들은 거기 안주한다(신 5:29).

아홉째, 만일 그들이 이 모든 것이 부족함을 느끼면 자신 스스로를 파헤친다. 즉, 죄를 떠나려는 힘, 더욱 거룩하고 겸손하기 위한 힘을 살피려고 자신을 파헤치며, 언젠가는 자신이 이런 처지에서 벗어날 것이라고 여긴다.

이처럼 그들은 자기 배설물 속에서 진주를 캐내며, 아무것도 없는 중에서도 오직 주님만을 의지해 살기를 힘쓰지 않는다. 그들은 예수 그리스도 없이 자신의 막대기로 자신을 세우리라 생각한다. 그래서 호세아 선지자가 말하듯, 말을 타는 것, 다시 말하면, 자신의 능력으로써 스스로를 구원할 수 있다고 생각한다(호 14:3-4).

열째, 만일 그들이 이 땅에서 아무 도움도 없다고 느낀다면, 그리스도를 향해 나아가 죄를 떠나며 더 잘 행할 수 있도록 은혜와 권능을 간구한다. 이로써 그들은 스스로 구원받을 수 있다고 여긴다.

이처럼 그들이 그리스도를 의지하여 살아감으로써, 그들은 스스로 살아갈 수 있다. 그래서 그들이 '그리스도께 나아가지만'(go unto Christ), '그리스도 안으로 들어가지'(get into Christ)³ 않는다(시 78:34-35). 이는 마치 자신의 일을 하기 위한 힘을 받아, 자신의 삶을 얻으려는 삯군과 같다.

---

3 '그리스도 안으로 들어가는 것'(get into Christ)은 '그리스도로 옷 입는 것'을 뜻한다(역주).

하나님의 자녀는 거저 베푸시는 긍휼의 주께서 제공하신 유업 그 자체에 만족하며 그것에 의지하여 살아간다. 하지만 우리는 많은 불쌍한 그리스도인과 가톨릭 신자가 신실하게 지옥으로 가는 길을 달리고 있음을 본다.

가톨릭 신자는 자신의 비참함, 즉 자신이(또한, 모든 사람도) 본질상 진노의 자녀요 죄와 사탄의 권세 아래 있음을 고백할 것이다. 그들은 그리스도가 유일한 구원자이심을 붙든다.

이 구원은 '그리스도 안에 있는 어떤 의'(any righteousness in a Christ)가 아닌, '그리스도에게서 오는 의'(righteousness from a Christ)로 말미암는다. 사람에게 행하는 권능을 주시고, 인간의 행위를 그분의 피에 담그심으로 말미암아 주시는 그들의 생명에 공로를 끼치신다.

이처럼 그들 중 가장 현명하고 독실한 자들은 내가 증거할 수 있는 것처럼 고백한다. 마찬가지로 많은 그리스도인도 그렇게 살아간다.

그들은 자신이 죄로 가득함을 느끼기에 때로는 자신의 악한 심령 때문에 자신에 대해 염증을 내며 싫어한다. 그러나 자신을 도울 어떤 힘도 발견하지 못한다.

그 결과 그리스도만이 자신을 구원할 수 있음을 듣고, 그리스도께 나아가 자신을 힘들게 하고 짐이 되는 이런 죄를 제거하려고 한다. 그분이 예전보다 더 나은 삶을 살도록 해 주시리라 여기기 때문이다.

만약 그들이 이런 죄를 굴복시키고 제거하도록 하고 또한 더 낫게 살아가는 힘을 찾는다면, 그들은 구원받을 것이라고 소망한다. 반면, 그들은 정죄를 받아 결국에는 마귀에게로 갈 수 있다. 비록 그들이 세상의 모든 오염에서 벗어나며, 그것이 자기 스스로와 그 힘으로부터가 아니라 예수 그리스도의 지식으로부터 나온 것이라 해도 그렇다(벧후 2:20).

만일 당신이 이 처지로 죽는다면 영원히 화가 있을 것이다. 이런 경우의 그리스도인은 담쟁이와 같다. 나무를 휘감고 자란 담쟁이는 나무에서 수액을 빨아들이지만, 나무를 한 자도 자라게 하지는 않는다. 왜냐하면, 나무에 접목되지 않았기 때문이다.

마찬가지로 많은 영혼이 그리스도께 나아간다. 그리고 자신의 열매를 유지하려고 그리스도로부터(자기 자신의 은혜의 줄기인) 과즙을 빨아먹는다.

하지만 슬프다!

그는 오직 담쟁이일 뿐이다. 그는 전혀 이 나무의 지체나 가지가 아니다. 따라서 그는 그리스도와 연합된 자로 자라지 않는다.

2) 의무들에 안주하는 이유

사람이 자신의 의무들에 안주하는 이유들은 다음과 같다.

첫째, 그리스도 밖의 인간에게는 이것이 자연스럽기 때문이다.

아담과 그의 모든 후손은 자신의 행위로 말미암아, 즉 "이를 행하라. 그러면 살리라"(눅 10:28)라는 것으로 구원을 받게 되어 있었다.

"행하라. 그러면 여기에 당신의 삶이 있다."

"생명을 얻으라. 그러면 이를 입으리라."

따라서 모든 아담의 후손은 오늘날까지도 행함으로 말미암아 구원받기를 구한다. 아비처럼, 그리고 아들처럼 말이다.

모든 의무에서 벗어나려고 그리스도께 나오는 것이 무죄한, 또는 훨씬 덜 타락한 본성으로 옷을 입는 것은 아니다. 이런 이유 때문에 사람들은 자신을 찾는다. 이제 그는 자신의 재고가 바닥나고 자신의 재물이 금이 간 파산자와 같다. 이후에 경험 없는 초보자가 되거나 혹은 다른 이에게 얹혀 살거나, 다음에는 소품을 파는 행상인이 된다. 그래서 적은 재고로 자신의 옛 거래를 좇는다.

그처럼 사람들은 본능적으로 자기 행위라는 옛 거래를 좇으며, 자신의 삶을 그런 방식으로 살아가기를 소망한다. 왜냐하면, 믿음으로 말미앎아 그리스도와 언약을 맺은 경험이 없는 사람들은 스스로의 힘으로 살아가기 때문이다.

삼손은 자신의 모든 권능을 잃어버렸을 때, 여느 때처럼 나아가 자신의 힘을 쓰려고 했다. 그처럼 사람들이 힘을 상실할 때, 하나님의 은혜도 상실된다. 하지만 그들은 자신들이 적당히 요령껏 그리고 여전히 자신만을 위해 행함으로써 살아갈 수 있는 방법을 찾아 시도하려 한다.

둘째, 예수 그리스도와 그분의 의에 대해 무지하기 때문이다. 따라서 사람들은 주께 나아가지 않는다. 그분을 보지 않기 때문이다. 그래서 그들은 의무적으로 자신을 위해 가능한 한 임시변통을 한다(요 4:14). 많은 사람이 물에 빠졌을 때 붙잡을 지푸라기라도 없으면, 스스로 헤엄쳐 자신을 구원하려고 한다.

셋째, 심령을 위로하고 양심을 평온하게 하며, 또한 영혼이 생각하듯이 하나님을 기쁘시게 하는 가장 쉬운 길이기 때문이다. 왜냐하면, 이것은 사람이 자신보다 더 멀리 가지 않는다는 것을 의미하기 때문이다.

이제 모든 의무를 포기할 때 영혼은 죽어서 자신에게서 완전히 벗어나 하늘에 오른다. 하지만 거기서 그는 많은 연수(年數)를 기다리든지, 혹은 아마도 잠시는 기다려야 할 것이다.

만일 병든 사람 머리맡에 생명수(*aqua vitae*)가 놓여 있다면, 그는 굳이 상점을 찾지 않을 것이다. 자신에 치유에 필요한 발삼향을 이미 가지고 있다면, 굳이 의사에게 가지 않을 것이다.

넷째, 이런 의무들 덕분에 사람은 자신의 죄를 숨기고, 죄 중에서도 평안하게 살면서 정직한 자로 여겨질 수 있기 때문이다.

잠언 7장 15-16절의 창녀처럼, 그녀는 자신의 서원을 행한 후, 사람들의 의심을 받지 않으면서 그리고 양심의 가책도 느끼지 않으면서 그들을 유혹할 수 있다.

그처럼 서기관들과 바리새인들도 행위에 매우 열심이었기에, 그들의 오랜 기도는 그들의 악행을 덮을 정도였다(마 23:14). 따라서 사람들은 자신이 행한 의무들에 대해 그 본래의 가치보다 더 높은 가격을 매긴다. 그리고 그 의무들이 자신에게 너무 유익을 주기 때문에 자신을 구원할 수 있다고 여긴다. 선한 의무들은 양심이 혼내는 소리 때문에 행한 것이기에 마치 사람이 걸친 새로운 옷처럼 자신이 남들에게 드러나지 않도록 지켜 준다.

의무들에 안주함을 경계하라.

선한 의무들은 사람들의 재산과 같아서, 이것 없으면 자신이 가난하고 비참하다고 생각한다.

하지만 당신이 당신의 돈과 함께 망하지 않도록 유의하라(갈 5:3).

지옥으로 향하는 길은 오직 두 개뿐이다.

첫째, 죄의 길이다. 이는 더러운 길이다.

둘째, 의무의 길이다. 여기에 안주하는 것은 오직 죄보다 조금 더 깨끗한 길일 뿐이다.

이스라엘 백성이 환난 가운데 있었을 때(삿 10:14), 여호와께서는 그들에게 자신들이 섬기는 신들에게로 가라고 하신다. 그처럼 당신이 죽음의 침상에서 울부짖으며 누워 있을 때 주님은 이렇게 말씀하실 것이다.

"네가 행했던 좋은 기도와 행위로 나아가며, 네가 흘렸던 눈물로 나아가라."

오! 그것들은 그날에 비참한 위로자일 뿐이다.

[반대]

참된 그리스도인은 자신의 선행과 의무로는 구원받음을 소망할 수 없고, 오직 하나님의 은혜와 그리스도의 공로로만 구원받을 수 있다.

[대답]

의무를 행함으로 구원받음을 믿는 것과 의무에 안주하는 것은 전혀 다르다. 사람이 오직 선한 의무만이 자신을 구원할 수 있다는 이런 견해를 가진 때 의무를 신뢰한다.

반면, 사람이 다음과 같은 견해를 가질 때 의무에 안주한다. 즉, 오직 그리스도만이 자신을 구원할 수 있지만, 자신의 의무를 실천하면 주님이 자신을 구원하기 시작하실 것이란 견해다. 가장 현명한 가톨릭 신자들이 요즘 이렇게 행한다. 또한, 우리 평범한 개신교 신자도 마찬가지다.

이것은 심령의 커다란 미묘함이다. 사람은 그리스도에 의하지 않고서는 자신의 선행과 의무로는 결코 구원받을 수 없다고 생각한다. 그런 후, 그는 자신이 모든 것을 다 했어도 자신은 여전히 무익한 종이라는 견해를 갖는다. (이것은 올바로 들은 판단의 행위 혹은 역사이다.)

또 하나는 그러므로 자신이 이런 견해를 갖기 때문에 자신이 구원받으리라는 것의 미묘한 차이다. 하지만 사람이 의무 가운데 안주할 때를 아는 것이 어렵고, 또한 거의 대부분이 이런 죄에 대한 죄책을 발견하지 못하기에 이것이 많은 사람을 파멸하게 한다. 그래서 이 죄에 대한 죄책을 발견하는 자들은 그 안에서 계속 살지 않을 것이다.

3) 사람이 의무에 안주하는 징표

첫째, 자신이 의무들 가운데 안주한 것을 전혀 보지 않는다. 의무에서 나오는 것이 어려운 일임을 알지 못한다. 왜냐하면, 의무들에 붙들리는 것은 인간에게는 매우 자연스러운 일이기 때문이다.

본성이 사람을 의무들 위에 놓는다. 따라서 의무들에 안주하는 것에서 벗어나는 것은 어렵다.

죄와 자아가 사람을 그리스도로부터 떼어 놓는다. 사람은 자신의 죄를 보고 죄의 권능 아래 신음할 때, 죄에 깨어지고 자신에게서도 깨어지게 된다. 사람들은 그리스도께 가는 것보다 차라리 어떤 것을 하려 하는 까닭에, 그들 안에는 상당한 정도의 자아가 있다.

따라서 당신이 의무에 너무 자주 안주하지 않았고, 이런 덫에서 해방되려고 탄식해 온 경험을 가지지 않았다면(내 뜻은 의무들을 행하지 않는다는 것이 아니라, 오직 그 의무 행함에 안주한다는 것이다), 당신은 오늘날까지 당신의 의무에 의존하고 있는 것이다.

둘째, 놀랄 만큼 단순하게도 의무의 실행을 소중히 여긴다. 왜냐하면, 당신을 당신 자아에서부터 그리스도로 옮기는 이런 의무들은 당신으로 하여금 그리스도를 소중히 여기도록 만들기 때문이다.

이제 내게 말하라.

당신은 자신을 자랑하는가?

"이제 나는 '대단한 존재'(somebody)야. 나는 무지했고, 망각적이었고, 강퍅한 심령이었지. 하지만 이제 나는 의무를 더 잘 이해하고, 기억하며, 내 죄에 대해 슬퍼할 수 있어."

만일 당신이 여기에 안주한다면, 당신의 의무들은 당신의 자아 그 이상으로 당신을 옮길 수 없다.

당신은 어떤 사명을 가지고 기도했던 이후로 '이제 나는 매우 잘 했네' 하고 생각하는가?

그리고 이제 당신은(자신의 의무를 다했다는 뜻에서), 비록 주님에게까지 이르지 않아도, 주님이 당신을 구원하실 것이라고 생각하면서, 사사기의 미가처럼 말한다.

> 내가 제사장을 내 집에 들여놓았으니 이제 여호와께서 내게 복 주실 줄을 아노라 (삿 17:13).

당신은 자신이 몹시도 사랑하는 의무들의 가격을 올리려고 하는가?
그러면 나는 그 의무들 안에 안주하는 당신에게 하나님 말씀을 좇아 선언한다(바울의 말이다).

> 무엇이든지 내게 유익하던 것을(다시 말하면, 그가 그리스도께로 회심하기 전에 그것을 매우 소중히 여겼다) 내가 다 해로 여길 뿐만 아니라(빌 3:7).

이것이 왜 하나님의 자녀가 보통은 자신의 모든 기도, 눈물, 신앙고백 이후에 자신에 대한 하나님의 사랑을 그토록 의심하는가 하는 이유이다. 반면, 다른 사람은 주님께 미치지 못하면서도 자신의 처지를 의심하지 않는다.

하나님의 자녀는 자신의 최고 의무들 안에서 많은 썩어짐과 악함을 보고 자신을 천한 자로 판단한다. 그러나 자신의 악함에 무지한 사람은 자신을 소중히 여기고, 높이 평가하며, 자신의 곡물을 높은 값으로 매긴다. 그래서 그는 자신의 의무들을 지킨다. 주님은 그 의무들을 결코 용납하지 않으시며, 그것들을 비싼 값으로 절대로 사지 않으신다.

셋째, 자신의 가난함과 모든 선이 철저한 공허임을 알지 못한다.

자신의 지갑에 1페니라도 갖고 있는 한, 다시 말하면 자신 안에 어떤 선함을 느끼는 한, 절대로 예수 그리스도께 간청(a-begging)하러 나오지 않을 것이다.

당신은 자신이 가련한 존재임을 전혀 느끼지 않는다.

"나는 동물처럼 무지하며, 마귀처럼 악합니다.

오! 주여!

내 심령 안에는 죄와 반역의 둥지와 쓰레기가 웅크리고 있나이다. 나는 한때는 적어도 내 심령과 소원이 선하다고 생각했는데, 이제는 어떤 영적 생명을 느끼지 못하나이다.

오! 죽은 심령이여!

이 땅에 살았던 피조물 중에서 나는 가장 불쌍하고 악하며 천하고 눈먼 자에 불과하구나."

만일 당신이 스스로 이처럼 가련한 존재임을 느끼지 않는다면, 당신은 결코 당신의 의무들에서 빠져나오지 못할 것이다. 하나님이 그리스도께 어떤 사람을 보내실 때, 그를 빈손으로 보내심은 그로 하여금 가장 작은 주화 대신 그리스도만을 바라보도록 만들기 위해서이다.

넷째, 의무들 때문에 복음의 의를 얻지 못한다. 복음의 의는 주 예수 그리스도와의 사귐, 그분을 향한 갈망, 사랑, 그리고 연합 안에서 기뻐함을 귀하게 여긴다.

사람은 법적 의로움 가운데 자라며(마치 돌밭과 가시떨기 밭에 씨가 뿌려지고 많이 자라나 거의 성숙에 이르는 것과 같다), 전 생애 동안 의무들 안에서 안주할 수 있다. 이는 사고파는 것에 안주하는 장사꾼과 같다. 비록 그들이 장사로 이익을 얻지 않아도 그냥 사고판다.

예수 그리스도는 그리스도인에게 유익함이 되신다(빌 1:21). 그러므로 하나님의 자녀는 설교를 찾고, 기도를 찾고, 성례를 찾으며 자신에게 묻는다.

"내가 그리스도에게서 무슨 유익을 얻었는가?"

"내가 그리스도를 아는 지식을 많이 가졌는가?"

"내가 주 예수임을 더 많이 찬양하는가?"

하지만 현재 육적 심령은 의무들 가운데 안주하면서, 바리새인들처럼 오직 자신이 행했던 것만을 묻는다.

> 하나님이여 내가 감사하노니 나는 다른 사람들 같지 않으며 나는 이레에 두 번씩 금식하고 구제하나이다(눅 18:11-12).

그리고 자신이 구원을 받으리라 생각한다. 왜냐하면, 자신이 기도하기 때문이요, 말씀을 듣기 때문이요, 개선하기 때문이요, 자신의 죄에 대해 슬퍼하기 때문이라는 것이다. 다시 말하면, 어떤 의무 안에서 그리스도의 유익함 때문이 아니라, 그 의무에 대한 막무가내식(naked) 실행 때문이다.

마찬가지로 그들은 내가 들었던 어떤 사람과 같으니, 나는 그가 구걸할 가방을 가졌기 때문에 부자였으리라 진짜로 생각했다. 마찬가지로 사람들은 의무들을 행하기 때문에 구원받을 것이라 여긴다. 절대 그런 일은 없다.

어떤 사람이 금으로 만든 물통을 가졌다고 하자.

그가 물통을 가졌기에 물도 당연히 지녔으리라 생각할까?

아니다. 그는 물통을 우물로 내려서 거기에 물을 담아 끌어올려야 한다. 마찬가지로 당신이 당신의 모든 의무들을 그리스도께로 내려야 한다. 그래서 주님의 충만함으로부터 빛과 생명을 끌어올려야 한다.

그렇지 않으면 당신의 의무들이 금의 의무일지라도 당신은 그리스도 없이 망할 것이다. 어떤 사람이 가방에 빵을 가지고 있고, 물통에 물을 지니고 있을 때, "이것들이 지속되는 한, 나는 굶지 않는다"라고 담대히 말할 수 있을 것이다. 마찬가지로 당신이 그리스도를 찾았고, 그분을 모시고 있을 때 어떤 의무의 실행 가운데서도 당신은 말할 수 있다.

"그리스도의 생명이 지속되는 한, 나는 살 것이다. 주님의 지혜와 권능이 있는 한, 나는 계속 인도함을 받고 형통할 수 있을 것이다."

다섯째, 의무들로 인해 더 대담하게 죄를 짓는다. 자아에서 벗어나 그리스도께 이르게 하는 의무들은 죄를 대항하는 권능을 가져온다. 하지만 사람을 안주하게 만드는 의무들은 그를 무장시켜 자신의 죄 가운데 담을 쌓게 만든다(사 1:14).

바퀴가 없는 마차는 힘들게 끌거나 밀어 옮겨야 하지만, 바퀴가 달린 마차는 짐을 싣고도 앞으로 잘 나아간다. 마찬가지로 하나님의 자녀가 의지할 바퀴나 의무가 없으면, 쉽게 죄로 이끌리지 않는다. 그러나 그렇지 않은 사람은 비록 죄의 짐을 지고 있더라도(때로는 양심의 가책을 느끼면서도), 자신을 짊어지게 하는 의무들이 있다면, 죄를 개의치 오히려 죄의 삶을 즐긴다.

한 천한 자가 위대한 왕을 욕하면서 그를 때리는 것을 우리가 본다면, 우리는 이렇게 말할 것이다.

"그가 의지하는 누군가가 뒤에서 그에게 힘내라고 격려하지 않았다면, 분명히 그는 감히 이런 짓거리를 하지 않았을 것이다."

마찬가지로 사람들이 크신 하나님을 대적하여 죄짓는 것을 보면 우리는 이렇게 생각할 것이다.

"그들이 죄 가운데 자신을 지지해 주며 자신의 길을 격려해 주는, 자신이 신뢰하는 어떤 의무들을 갖지 않았다면, 분명 그들이 그렇게 하지 않았을 것이다."

어떤 불경한 사람을 살펴보자.

무엇이 그로 하여금 마시고, 거짓 맹세하고, 속이고, 노름하고, 매춘하게 만드는가?

벌하실 하나님이 없어서인가?

고통을 주기에 충분히 뜨거운 지옥이 없어서인가?

그를 저주할 재앙이 없어서인가?

아니다.

그렇다면 왜 그가 죄를 짓는가?

그도 죄 사함을 위해 하나님께 기도하며, 슬퍼하며, 은밀히 회개한다. 그리고 이것이 음탕한 농담 가운데 그를 버티게 한다.

도덕을 잘 지키는 사람을 살펴보자.

그도 경건한 사람들처럼 자신의 실패와 죄를 가지고 있으며, 때로는 압도당함을 안다.

그렇다면 왜 그는 이런 죄를 없애지 않는가?

그는 아침에 일어날 때마다 하나님께 자신의 죄를 고백한다.

그렇다면 왜 그는 죄 아래서 더 겸손해지지 않는가?

그 이유는, 그가 변함없이 아침과 저녁으로 기도하며, 자신의 실패들을 두고 용서받기를 구하고, 이런 의무를 행함으로 하나님과의 화평을 이루기를 소망하기 때문이다. 이런 의무에 의존함으로써 그는 두려움 없이 죄를 짓고, 넘어짐에서부터 일어났다가 다시 죄로 떨어지되 슬픔이 없다. 이처럼 그들은 의무라는 안경을 통해 자신의 죄를 보며 유지하고, 이렇게 의무들 가운데 안주한다.

여섯째, 의무들 때문에 자신의 악한 심령을 조금도 보지 못한다.

어떤 사람이 의무들을 통해 그리스도께 그리고 빛에 더 가까이 나아가게 되면, 그는 더 많은 티끌을 보게 된다. 왜냐하면, 그가 더 많이 그리스도, 주님의 건강, 생명에 참예할수록 더 많이 죄의 악함과 병을 느끼기 때문이다.

바울은 회심 전에 의무들 가운데 안주했다. 율법이 그를 겸손하게 했고, 그래서 그는 살았다. 즉, 그는 스스로 건전한 사람이라 생각했다. 그의 의무들이 자신의 죄를 무화과나무 잎처럼 덮었기 때문이다.

그러므로 자신의 심령에게 물어보라.

참으로 심령이 죄 때문에 괴로운 것인지를, 그리고 당신의 기도와 슬픔 이후에 당신은 잘 성장하고 있는지를, 그리고 자신 스스로가 안전하지 않다고 생각하며, 또한 자신 스스로를 더 악하다고 느끼는지를 말이다.

만일 그렇지 않다면, 분명히 내가 말할 수 있는 것은, 당신의 의무들은 오직 무화과나무 잎으로 당신의 벌거벗음을 덮을 뿐이며, 주님은 당신을 찾아내서 어느 날 당신의 가면을 벗기실 것이다. 당신이 여기서 망한다면 당신에게 화가 있을 것이다.

4) 우리를 구원하기 위한 모든 의무의 불충분함

이것은 세 가지 점에서 나타나며, 이로써 당신은 의무들 가운데 안주하지 않는 것을 배울 수 있을 것이다.

첫째, 가장 거룩한 의무들도 얼룩지고, 독이 묻어 있고, 어떤 죄가 섞여 있으며, 그래서 거룩하신 하나님의 눈에 가장 혐오스럽다(의무들 자체로도 벌거벗은 알몸으로 간주된다).

왜냐하면, 만일 하나님 백성의 가장 거룩한 행위들이 오염되어 있다면, 그 행위들이 그들 자신에게서 유래했기 때문인 것처럼, 분명히, 악인의 행위들은 훨씬 더 더럽게 죄로 오염되어 있기 때문이다.

> 우리의 의는 더러운 옷과 같다(사 64:6).

샘이 그렇다면 냇가도 그러하다. 하지만 모든 선행의 원천(심령)은 부분적으로는 죄와, 부분적으로는 은혜와 뒤섞여 있다. 그러므로 각각의 행위는 어떤 죄에 참예하며, 이 죄는 하나님의 심령에 비수가 된다. 비록 사람이 기도하고 그의 생명을 구할지라도 그렇다. 그러므로 의무들로 구원받을 수 있는 소망은 없다.

둘째, 의무들을 완벽하게 수행하지 못한다. 당신은 죄 없이 그 의무들을 행할 수 없기 때문이다.

모든 육체와 아름다움[영광]은 풀이요(사 40:6).

마찬가지로 당신의 가장 거룩한 행위들도 그것들이 완벽하지 않다면, 곧 시들고 말 것이다. 만일 당신이 모든 의무들을 완벽하게 행하지 못한다면 당신은 영원히 몰락하게 될 것이다.

비록 당신이 한때는 그렇게 할 수 있어, 천사처럼 살며 해처럼 빛났을 수도 있었을 것이다. 그러나 당신이 임종할 때, 오직 하나의 헛된 생각이 떠오르고, 가장 작은 죄라도 범한다면, 바위 하나가 천국에서 당신을 아래로 밀어서 지옥으로 떨어뜨릴 것이다. 당신이 아주 많은 짐을 지지 않았을지라도 말이다.

하나의 죄가 마치 심령에 있는 주머니칼처럼 당신을 찌를 것이다. 죄 하나가 초가지붕의 작은 부지깽이처럼 당신을 태울 것이다. 이전에 당신이 그처럼 독실하게 살지 않았다면, 반역 행위 하나가 당신의 목을 맬 것이다. 왜냐하면, 당신 생명선의 모든 부분이 전능자 하나님 앞에 올곧지 않다면 이것이 비뚤어진 삶이었기 때문이다.

셋째, 슬프게도 이미 죄를 지었다.

당신은 다가올 때를 위한 자신의 순종이 뒤에 남겨진 파열들과 지나간 죄들을 두고 하나님을 만족시킬 수 있다고 생각하는가?

지금 임대료를 매년 정직하게 지불한다고 과거 20년 동안 지불하지 않은 옛 임대료까지 청산할 수 있는가?

당신의 모든 순종은 새로운 빚이다. 그래서 이것이 과거의 빚들을 만족시킬 수는 없다. 사람들은 잘못과 빚을 용서해 줄 수 있다. 왜냐하면, 그들이 다 유한한 존재일 뿐이기 때문이다. 하지만 무한하신 하나님 앞에서는 가장 작은 죄도 무한한 악이다. 그러므로 하나님은 이에 대해 만족하심을 얻어야 한다. 사람들은 빚을 탕감할 수 있지만 사람들은 남는다.

주님은 "죄 지은 영혼은 죽으리라"라고 말씀하셨고, 또 그분의 진리가 자기 자신이시기에, 만일 주님이 만족하심 없이 죄를 용서하신다면, 주님은 더 이상 하나님이실 수 없다. 그러므로 의무들은 영혼이 의지하기에는 썩은 목발에 불과하다.

[질문 1]
우리는 어떤 목적을 위해 의무들을 사용해야 하는가?
사람은 자신의 선한 기도, 슬픔, 회개함으로 말미암아 구원받을 수 없는가?
그렇다면 더 기도할 이유가 무엇인가?

모든 의무들이 우리를 구원하기에 무용하다면 이 모든 것을 던져 버리자. 마치 좋은 놀이가 쓸데없고, 일이 쓸데없는 것과 같기 때문이다.

[대답 1]
당신의 좋은 의무들이 당신을 구할 수 없지만, 당신의 나쁜 행위들은 당신을 정죄할 것이다.
그러므로 당신은 의무들을 떨쳐 버리지 마라.
하지만 이런 의무들에 안주하지는 마라.
당신은 의무들을 던져 버리지 말고, 예수 그리스도의 발 아래 그것들을 내려 놓으라.
마치 24장로들이 자신의 면류관을 던졌던 것처럼(계 4:10-11) 말이다.
그리고 이렇게 기도하라.
"이 의무들 중에 어떤 선이나 은혜가 있다면, 이것은 주님의 것입니다."

왜냐하면, 사람을 존귀하게 하는 것은 왕의 호의이지, 그 자신의 선물이 아니기 때문이다. 그 은사는 주님의 선한 기쁨에서 나온 것일 뿐이다.

[질문 2]
내가 의무들로 말미암아 구원받을 수 없다면, 무슨 목적으로 내가 의무들을 행해야 하는가?

[대답 2]
세 가지 목적 때문이다.

첫째, 당신을 주 예수, 즉 유일한 구원자에게로 옮기기 위해서이다(히 7:25). 주님만이 자신으로 말미암아(즉, 방편을 사용하심으로써) 하나님께 나온 모든 사람을 구원하실 수 있다 (의무들이 아니다).
그러니 당신을 예수 그리스도께로 옮기기 위해 설교를 들으라.
금식하고 기도하라.
그리고 당신을 주 예수 그리스도께로 옮길 그들 안에 있는 감정의 충만한 물결을 가지라.
다시 말하면, 주님에 대한 더 많은 사랑을, 주님과의 더 많은 교제를, 주님과의 더 많은 연합을 얻기 위함이다.
그러니 당신의 죄를 슬퍼함으로 당신이 그리스도께 더욱 합당하도록 하며, 당신이 더 많이 그리스도를 귀히 여길 수 있도록 하라.
노아의 비둘기가 날갯짓한 것처럼 당신의 의무들을 사용하라.
이것이 당신을 주 예수 그리스도의 방주로 옮기는 것이니 거기에만 안식이 있다.
비둘기가 그 날개를 사용하지 않았다면 물에 떨어졌을 것이다. 따라서 만일 어떤 의무들도 사용하지 않고 모두 내쳐 버린다면 당신은 분명히 망하게 될 것이다. 아니면, 바다 저편에 있는 어떤 보물을 위해 큰 바다를 건너가야 하는 한 불쌍한 자와 같으니, 그가 배는 가져오지 않으면서 보물을 구하는 것과 같다. 비록 배 안에 보물은 없다고 하더라도, 배를 이용함으로써 배가 자신을 보물 있는 곳에 데려가게 하는 것이다.

마찬가지로 그리스도는 하늘에 계시고 당신은 이 땅에 있다. 주님이 당신에게 오시지 않고서는 당신은 그분께 결코 나갈 수 없다.

그러니 이제 배를 구하라.

비록 알맹이 없는 의무 안에는 은혜도 없고, 선도 없으며, 구원도 없지만, 이를 사용하여 당신으로 하여금 그 보물에 이르도록 하라.

그 보물이 주 예수 그리스도시다.

당신이 말씀의 자리에 오면, 말하라.

"이 설교를 통해 주 오셔서 나와 함께하소서."

당신이 기도의 자리에 오면, 말하라.

"주께 드리는 이 기도를 통해 주 오셔서 나와 함께하소서."

하지만 사람들의 비참함이 이것이다. 즉, 어리석은 연인들 같다는 점이다. 그들이 연인에게 구애할 때 그들의 잘못은, 자신들을 연인에게 인도할 바로 그녀의 하녀와 사랑에 빠진다는 것이다. 이처럼 사람들이 자신의 의무들과 사랑에 빠지고 거기에 환장하며, 그것들에 대한 막무가내로 실행에 만족하는 것은 영혼을 주 예수 그리스도께 인도할 하녀들에 불과할 뿐이다.

둘째, 의무들은 그리스도 안에 있는 자를 향한 하나님의 무궁한 사랑의 증거이기 때문이다. 하나님 백성의 은혜와 의무들은 비록 그리스도 안에 있는 자에 대한 구원의 원인은 아닐지라도, 구원의 증표이자 보증이다.

의무가 사람을 구원하지 않는다. 다만 구원받게 될 자와 동행하고 따른다(히 6:9). 어떤 사람이 자신의 기쁨, 느낌, 은사, 영, 은혜를 자랑할지라도, 그가 어떤 죄 하나를 범하거나(作爲), 알려진 의무들 중 하나를 하지 않거나(不作爲), 혹은 의무들을 제멋대로 악의로 행하며 산다면, 이 사람은 어떤 확신도 가질 수 없고 오직 자신에게만 아첨하는 것일 뿐이다(벧후 1:8-10).

의무들은 단지 구원의 증거요 보증이다.

그러므로 그 목적을 위해 사용하며 그것들을 소중히 여기라.

자신의 주인(lordship)을 모신 분명한 증거를 가진 사람처럼 하라.

그가 주인을 돈으로 사지 않았기 때문에 이를 버리려고 하겠는가?

아니다. 이것이 자기 것임을 확신시키고, 또한 자신에게서 이를 빼앗으려는 그런 자들에게서 자신을 방어하는 증거인 까닭에, 그는 이를 조심스럽게 보전할 것이다.

의무들이 당신을 구원하지 않기 때문에 당신은 선한 의무들을 버리려 하는가?

아니다. 그것들은 (만일 당신이 그리스도 안에 있다면) 주님과 긍휼이 당신의 것이라는 증거다. 여자들은 자신의 사랑의 징표를 버리지 않을 것이다. 비록 그것이 남편의 사랑을 받거나 혹은 그 사랑을 받을 만하지 않았던 것일지라도 그렇다. 하지만 그것들이 남편의 사랑의 증표인 까닭에, 아내는 이것들을 안전하게 지키려 할 것이다.

셋째, 우리 주 예수 그리스도의 하나님 아버지는 이런 의무들의 실행을 통해 영광을 받으실 것이기 때문이다. 그리스도께서 그 피를 쏟으신 이유는 '선한 일'(good works)에 열심 있는 친 백성을 사서 자신에게 두시기 위함이었으며(딛 2:14), 그 일로써 우리의 영혼을 구원하기 위함이 아니라 하나님을 존귀하게 하기 위함이었다.

오! 그리스도의 피가 헛되이 흘려지지 않기를!

은혜와 선한 의무들은 그리스도인의 면류관이다. 죄는 오직 사람을 천하게 만들 뿐이다.

이제 어떤 왕이 왕관을 통해 자기 나라를 사지 않았다고 자신의 왕관을 버리겠는가?

아니다. 그가 왕이 되는 때 이를 쓰고 있음은 그의 장식이요 영광이다. 그래서 나도 말하겠다.

"우리 영혼이 구원받은 것보다 그리스도가 존귀하게 됨이 더 좋구나. 그러니 의무들을 행하라.

이것들이 주 예수 그리스도를 영화롭게 하기 때문이다."

따라서 당신의 의무들을 사용하라.

하지만 의무들 안에서 안주하지 마라.

그런즉 의무들을 벗어나서 당신의 영혼을 주 예수님과 짝이 되게 하라.

좋든 나쁘든 주님을 취하라.

그리고 당신이 사는 날 동안 주님 안에서 주님만 의지하며 살라.

4. 인간의 담대한 뻔뻔함

인간 파멸의 네 번째 이유는 인간의 완고한 뻔뻔함 혹은 거짓 믿음 때문이다. 인간들이 이것에 의지하여 그리스도를 붙들어 자신을 구원코자 힘쓸 때는, 그들이 모든 의무가 자신들을 돕기에 불충분하며, 스스로 긍휼을 얻기에 무가치한 존재임을 볼 때이다. 하지만 이 반석은 이 시대 사람들이 서 있는 쪼개진 반석으로 최종적이며 가장 위험한 반석이다.

사람들은 자신이 만든 다리를 세워 그리스도께 나아가려고 한다. 내가 말하는 의미는, 믿음의 권능은 주 예수님의 영원하신 성령이 그들 안에서 행하시는 데서 나오는 것이지만, 그들은 전능자의 권능으로 만들어진 믿음을 좇는 대신, 오히려 그들 자신이 주조하고 틀을 만든 믿음으로 만족하고 있다는 것이다.

그러면서 그들은 그리스도께서 자신의 감미로운 구원자임을 진정으로 생각하고 믿으며, 자신이 안전하다는 것을 의심하지 않는다. 하지만 아이들의 빵조각을 날치기한 개들처럼, 그들의 노력에도 불구하고 문

밖으로(이제부터 영원히 천국 밖으로) 쫓겨날 것이다.

모든 인간에게는 그리스도의 공로가 아니고는 어떤 구원도 없다. 그들이 이 진리를 붙들기 때문에, 당연히 자신은 예수 그리스도를 믿음의 손안에 붙들고 있다고 여긴다. 그래서 자기 자신의 포획물을 붙든다면, 그리고 자신의 상상과 그림자에 매달린다면, 그는 망한다고 생각한다.

다른 어떤 자들은 믿음과 믿을 능력이 없음과 또한 주님을 붙드는 것이 없음을 느끼기 전에 그리스도를 붙든다(마치 사람 겉옷 위의 먼지를 하나님이 손으로 털어 주려 하시고, 혹은 사람 옷에 붙은 가시와 찔레를 주님이 발로 밟으려 하실 것처럼). 그래서 그들은 이런 방편들을 통해 위로를 얻은 것에 대해 하나님께 감사하다고 말한다. 그리고 비록 하나님이 그들을 죽이시더라도 그들은 주님을 신뢰하리라고 말한다(미 3:11).

바로 이 점에서 인도보다 영국에 있는 사람들을 회심시키는 것이 더 어려운 일이다. 왜냐하면, 인도에는 우리의 설교를 반박할 그런 임기응변과 요새가 없는 까닭이다.

우리 가운데 대부분이 그러하듯이, 그들이 이미 예수 그리스도를 믿는다고 말할 때, 우리는 사람들이 그리스도께 합당한 자가 되기 전에 주님을 붙들고 있는 그들의 손가락을 낚아챌 수는 없다. 길거리의 도적 떼처럼, 우리는 수백 개의 손들이 거기에 떨어진 보석 하나를 찾으려고 엉켜 있지만, 그 보석과 전혀 상관없는 것을 볼 것이다. 각각의 사람, 아니 대부분이 이렇게 말한다.

"내 소망은 그리스도가 내 것이 되는 거야. 나는 그분께 나의 모든 신뢰와 확신을 두고 있고 이것에서 물러서지 않을 거야."

"뭐라고?

사람은 절망하게 된다고?

그리스도를 신뢰하지 않을 것이라고?"

이처럼 비록 자신에게 어떤 근거나 은혜가 있어서 그리스도를 붙들고 그분께 청구할 것을 증명할 길이 없더라도, 사람들은 소망하고 신뢰할 것이다. 그렇다. 이런 소망은 제정신을 잃은 두려움에서 나온 것으로 수많은 사람을 정죄한다. 왜냐하면, 내가 믿기로는, 사람들이 자신이 죄된 피조물일 뿐만 아니라 그리스도가 없는 피조물인 것을 안다면, 이처럼 울부짖을 것이기 때문이다.

"주님, 구원받기 위해 내가 무엇을 해야 하나요?"

이 믿음은 보배로운 믿음이다(벧후 1:1). 보배로운 것은 값이 많이 나가는 법이요, 우리는 높은 가격을 매기는 법이다. 만일 당신의 믿음이 그렇다면 당신에게 많은 기도, 많은 흐느낌 그리고 짬짬이 흘리는 많은 눈물을 대가로 한다.

하지만 대부분의 사람에게 물어보라. 어떻게 그들이 믿음으로 말미암아 그리스도 안에 오게 되는지를 말이다. 그들은 아주 쉽게 말한다. 사자가 잠자면 사람도 그 옆에서 눕고 잠잘 수 있다. 그러나 사자가 깨면 그렇게 하는 자에게는 화가 있을 것이다.

마찬가지로 그리스도께서 침묵하고 오래 참으시는 동안에는, 당신은 자신이 그리스도를 신뢰하노라 생각하며 자신을 속일 수 있다. 하지만 주님이 뜻하시는 어느 날, 진노 중에 나타나실 때는 당신에게 화가 있을 것이다.

이 거짓 믿음 때문에, 죄를 짓는 인간들은 그리스도를 자신을 다시 깨끗이 닦아 줄 행주 정도로 여긴다. 이것이 그들이 이런 믿음을 이용해서 행한 모든 것이다. 그들은 참으로 죄를 짓지만, 주님의 긍휼을 얻기 위해 그리스도를 신뢰하니, 이처럼 그들의 죄 가운데서 여전히 누워 있다.

하나님은 이 무서운 경멸을 하늘에서부터 피로, 불로, 재앙으로 뒤엎으실 것이다. 살구나무가 벽에 기대어 있어도 땅에 뿌리를 내리는 것처럼, 당신도 구원을 위해 그리스도께 기대어 있으나, 여전히 이 세상에 뿌리를 내리고 있다. 교만에, 더러움에 뿌리를 내리고 있다.

당신이 이런 처지로 망한다면 당신에게 화로다!

하나님은 그 진노를 연료로 삼아 당신을 자르실 것이다. 비록 당신이 그리스도를 통해 구원받아야 한다고 미친 듯이 소원할지라도 그렇다. 그러므로 나는 하늘의 하나님을 대신해 선언한다.

> 죽은 자가 스스로 살아날 것이라고 믿는 것이 불가능한 것처럼, 당신 자신을 그렇게 느껴 보지 않았다면, 당신은 아직까지 전혀 믿음을 갖고 있지 않다. 믿음을 갖기 원한다면, 먼저 당신의 믿음의 무능력함을 느껴야 한다. 당신 자신의 정원에서 접붙인 가지를 가져오지 마라.
> 참으로 당신이 이 믿음에 참여하고자 한다면, 이것이 하늘에서 당신 영혼에 내려와야 한다.

이 큰 주제에 대해 나는 다른 것도 말해야 하겠지만 여기서 마치겠다. 주님은 이 죄를 내 입을 가리고 불의 가운데 진리를 막는 데 힘쓰는 그들의 책임으로 두지 않으실 것이다.

선하신 하나님께 찬양을 드린다.

하나님은 이처럼 무가치한 종 곁에 오랫동안 계셨고, 당신을 인도하여 당신에게 또 다른 세상으로 가는 길에 놓여 있는 바위와 위험들을 보여 주셨기 때문이다.